우리 고전으로 배우는
고전 독해와 글쓰기 2

우리 고전으로 배우는
고전 독해와 글쓰기 ❷

글 정형권·김정원 | 그림 김민

초등학생이 꼭 읽어야 할 우리 고전 25편

홍길동전

춘향전

토끼전

구운몽

장화홍련전

전우치전

흥부전

옹고집전

박씨부인전

홍계월전

허생전

양반전

성림주니어북

"공부의 든든한 주춧돌, 독해력"

혼자 힘으로 공부하려면 어떻게 해야 할까요? 교과서와 자습서를 읽는 게 힘들다면 학년이 올라갈수록 공부가 힘들어집니다. 따라서 자기주도학습을 하려면 먼저 독해력을 향상해야 합니다. 초등 시기에 독해력을 탄탄하게 다져 놓으면 중고등 시기에 어려운 공부를 잘 헤쳐나갈 수 있습니다. 단단하게 다져진 독해력은 모든 과목을 공부하는데 튼튼한 주춧돌이 되어줄 것입니다.

"WHY? 매일 독해"

이 책은 우리 고전 명작에서 뽑은 중요 장면들을 각각 하나의 지문으로 구성했습니다. 길지 않은 지문이기 때문에 읽는 데 부담이 없고, 적당한 문제를 제시하여 읽기에 집중할 수 있습니다. 매일 한 장씩 풀어나간다면 시나브로 독해력이 향상하는 것을 확인하게 됩니다. 또 읽은 지문과 연계한 글쓰기를 통해 표현 능력을 향상하도록 구성하였습니다. 잘 읽는 것을 넘어 자기 경험과 생각을 글로 쓰는 힘을 기르게 됩니다.

『우리 고전으로 배우는 고전 독해와 글쓰기』는 왜 자기주도학습에 도움이 될까요?

① 공부의 재미를 알아가는 책
아이들의 흥미와 재미, 교훈을 고려한 적절한 지문 구성으로 지루하지 않게 공부할 수 있습니다.

② 규칙적인 공부 습관을 길러주는 책
매일 짧은 시간, 적절한 양의 지문을 읽고 문제를 풀면서 성취감을 느끼고 규칙적으로 공부할 수 있게 됩니다.

③ 표현력을 키워주는 책
다양한 고전 명작을 읽으면서 문해력이 향상되고 연계된 글쓰기 연습을 통해 표현력이 향상됩니다.

『우리 고전으로 배우는 고전 독해와 글쓰기』를 읽으면 어떤 점이 좋을까요?

① 우리 민족과 조상의 숨결을 느껴요
우리 민족의 생활양식과 조상들의 세계관을 알 수 있습니다.

② 다양한 표현을 배워요
한자나 속담 등 다양한 표현을 익힐 수 있습니다.

③ 교과서 읽는 힘을 키워요
교과서에 자주 나오는 이야기와 고전소설이 실려 있어 교과서 읽는 힘을 키울 수 있습니다.

④ 교훈을 얻게 돼요
본문에 나오는 이야기를 통해 살아가는 지혜와 교훈을 얻을 수 있습니다.

『우리 고전으로 배우는 고전 독해와 글쓰기』의 본문은 어떻게 구성되어 있을까요?

① 제1권은 전해 내려오는 이야기와 삼국유사에서 뽑은 이야기예요

수록한 작품 중에서 1~10편(콩쥐 팥쥐~강림 도령)까지는 우리 민족의 대표적인 전래 이야기이고, 11~25편(단군왕검~처용)은 삼국유사에 나오는 이야기 중 교과서에 실리거나 널리 알려진 내용을 뽑은 것입니다.

② 제2권은 교과서에 수록된 고전문학을 실었어요

초, 중, 고 교과서에 수록된 우리 고전문학 중 대표적인 작품을 실었습니다. 자주 나오는 작품은 두 개의 지문을 배치하여 이해의 폭을 넓힐 수 있도록 했습니다.

『우리 고전으로 배우는 고전 독해와 글쓰기』
수록 도서 목록 및 글쓰기 주제

초등학생이 꼭 알아야 할 우리 고전 작품을 선정하여 2권으로 구성하였습니다. 초등 시기에 읽어야 할 우리 고전을 접하고 읽기 능력을 키울 뿐만 아니라 학습의 배경지식과 상식을 쌓을 수 있습니다.

1권		2권	
1	콩쥐 팥쥐	1	토끼전
2	소가 된 게으름뱅이	2	심청전 1
3	해와 달이 된 오누이	3	심청전 2
4	개와 고양이	4	홍길동전 1
5	팥죽 할머니와 호랑이	5	홍길동전 2
짧은 글쓰기 1	낱말 퍼즐, 한자, 속담	짧은 글쓰기 1	낱말 퍼즐, 한자, 속담
글쓰기 1	초대하는 글	글쓰기 1	기행문
6	구렁덩덩 신선비	6	춘향전 1
7	아기장수 우투리	7	춘향전 2
8	우렁 각시	8	구운몽 1
9	바리데기	9	구운몽 2
10	강림 도령	10	장화홍련전
짧은 글쓰기 2	낱말 퍼즐, 한자, 속담	짧은 글쓰기 2	낱말 퍼즐, 한자, 속담
글쓰기 2	부탁하는 글	글쓰기 2	제안하는 글

11	고조선을 세운 단군왕검	11	전우치전 1
12	동부여를 다스린 금와왕	12	전우치전 2
13	고구려를 세운 주몽	13	흥부전 1
14	신라의 첫 번째 임금 박혁거세	14	흥부전 2
15	알에서 태어난 석탈해	15	옹고집전
짧은 글 쓰기 3	**낱말 퍼즐, 한자, 속담**	짧은 글 쓰기 3	**낱말 퍼즐, 한자, 속담**
글쓰기 3	**소개하는 글**	글쓰기 3	**광고문**
16	신라의 첫 여왕 선덕여왕	16	박씨부인전 1
17	신라의 명장 김유신	17	박씨부인전 2
18	삼국을 통일한 김춘추	18	사씨남정기 1
19	통일신라의 기틀을 다진 신문왕	19	사씨남정기 2
20	백제 무왕과 신라 선화공주	20	홍계월전
짧은 글 쓰기 4	**낱말 퍼즐, 한자, 속담**	짧은 글 쓰기 4	**낱말 퍼즐, 한자, 속담**
글쓰기 4	**생활문**	글쓰기 4	**이야기**
21	법흥왕과 이차돈	21	허생전 1
22	노힐부득과 달달박박	22	허생전 2
23	아름다운 수로부인	23	금오신화 1
24	호랑이를 감동시킨 김현	24	금오신화 2
25	역신을 물리친 처용	25	양반전
짧은 글 쓰기 5	**낱말 퍼즐, 한자, 속담**	짧은 글 쓰기 5	**낱말 퍼즐, 한자, 속담**
글쓰기 5	**독서감상문**	글쓰기 5	**설명문**

차례

1주 Week1

01 『토끼전』	자라의 달콤한 말	14
02 『심청전』 1	공양미 삼백 석	18
03 『심청전』 2	눈을 뜬 심학규	22
04 『홍길동전』 1	집을 떠나는 길동	26
05 『홍길동전』 2	홍길동을 잡아라	30

고전 속으로   34
짧은 글 쓰기 연습1: 낱말 퍼즐, 한자, 속담   38
글쓰기 연습1: 기행문

2주 Week2

06 『춘향전』 1	단옷날 광한루에서	44
07 『춘향전』 2	돌아온 이 도령	48
08 『구운몽』 1	성진과 여덟 선녀	52
09 『구운몽』 2	양소유의 청혼	56
10 『장화홍련전』	자매의 원한	60

고전 속으로   64
짧은 글 쓰기 연습2: 낱말 퍼즐, 한자, 속담   68
글쓰기 연습2: 제안하는 글

3주 Week3

11 『전우치전』 1	황금 대들보	74
12 『전우치전』 2	그림 속의 창고	78
13 『흥부전』 1	쫓겨난 흥부	82
14 『흥부전』 2	제비에게 베푼 은혜	86

| ⑮ 『옹고집전』 | 옹고집이 두 명 | 90 |

고전 속으로 94
짧은 글 쓰기 연습3. 낱말 퍼즐, 한자, 속담 98
글쓰기 연습3. 광고문

4주 Week4

⑯ 『박씨부인전』1	이시백의 혼인	104
⑰ 『박씨부인전』2	박씨 부인의 신통력	108
⑱ 『사씨남정기』1	유연수와 사정옥의 혼인	112
⑲ 『사씨남정기』2	아들을 낳은 교씨	116
⑳ 『홍계월전』	남자 평국에서 여자 계월로	120

고전 속으로 124
짧은 글 쓰기 연습4. 낱말 퍼즐, 한자, 속담 128
글쓰기 연습4. 이야기

5주 Week5

㉑ 『허생전』1	만 냥만 빌려 주시오	134
㉒ 『허생전』2	백만 냥을 버린 허생	138
㉓ 『금오신화』1	만복사저포기	142
㉔ 『금오신화』2	남염부주지	146
㉕ 『양반전』	양반을 산 부자	150

고전 속으로 154
짧은 글 쓰기 연습5. 낱말 퍼즐, 한자, 속담 158
글쓰기 연습5. 설명문

정답 및 해설 162

Week 1

토끼전
심청전 1
심청전 2
홍길동전 1
홍길동전 2

01 토끼전
자라의 달콤한 말

옛날 남해 용왕이 큰 병에 걸렸을 때의 일이에요. 용왕의 병은 점점 깊어지는데 좋다는 약을 써보아도 아무 소용이 없자, 용궁의 모든 벼슬아치들은 하늘을 향해 간절히 빌었습니다. 그랬더니 어디선가 한 도사가 나타나 용왕의 증세를 살펴보고는 이 병에는 토끼의 생간이 약이라고 말하고 사라졌어요.

용왕은 신하들을 불러놓고 누가 육지에 올라가 토끼를 잡아오겠느냐고 물었어요. 그러나 제일 높은 신하부터 차례로 핑계를 대며 서로 미룰 뿐, 용왕을 위해 토끼를 잡아오겠다는 신하는 하나도 없었습니다. 실망한 용왕이 지쳐가고 있을 때 맨 뒷줄에서 한 신하가 기어 나오며 외쳤습니다.

"임금께 충성하는 것은 신하의 도리입니다. 제 간이라도 내어 드릴 수 있으나 토끼의 간이 약이라 하니 제가 나가서 반드시 구해 오겠나이다."

모두가 놀라 그 신하를 보니 평소 자신들이 우습게 보던 자라였습니다. 용왕은 자라의 충성심을 칭찬하며 육지에 다녀오라고 했습니다. 그리고 화공을 불러 토끼의 생김새를 그리게 해 자라에게 주었어요. 자라는 토끼 그림을 목덜미에 넣고 육지를 향해 떠났습니다.

육지에 올라온 자라는 자신과 비슷하게 생긴 남생이를 만났어요. 자라가 자신의 친척이라고 생각한 남생이는 자라를 친절하게 대했습니다. 자라는 친절한 남생이에게 자신이 육지에 온 이유를 꾸며내어 말했어요.

"우리 수궁에 안 좋은 일이 자꾸 생겨 궁궐을 옮겨 지으려고 하는데 어느 곳으로 옮겨야 좋을지, 눈 밝다는 토끼를 데려가 물어 보려고 왔습니다."

남생이는 며칠 후 산속 짐승들의 회의가 열리는데, 거기 가면 토끼를 볼 수 있을 거라며 자라를 데려가 주겠다고 했어요.

며칠 후, 짐승들의 회의에 따라가 누가 토끼인지 확인한 자라는 회의가 끝나자 슬그머니 토끼를 뒤쫓았어요. 다른 짐승들과 헤어져 토끼 혼자 길을 가게 되었을 때 자라는 토끼를 불렀어요.

"이보시오, 토 생원."

토끼는 힘도 약하고 몸집도 작아서 다른 짐승들이 늘 하찮게 여겼습니다. 그래서 자기를 '생원'이라고 높여 부르는 게 좋아서 자라에게 가까이 왔어요. 하지만 솥뚜껑처럼 생긴 자라의 모습을 보니 겁도 나고 의심스럽기도 했지요. 그때 자라가 말을 꺼냈습니다.

"나는 수궁 용왕님의 명으로 용왕님을 보좌할 신하를 찾으러 육지에 나왔소. 아까 회의 때 보니 토 생원이야말로 수궁에서 큰일을 할 인물이오. 자, 나와 함께 수궁으로 갑시다."

토끼는 산속 짐승들에게 무시를 당하거나 사냥꾼들의 총에 쫓기기만 하다가 수궁에서 큰일을 할 인물이라는 말을 듣고 어깨가 으쓱해졌어요.

작품정보

『토끼전』

용왕의 병을 낫게 하려고 육지에 올라온 자라(별주부)의 꼬임에 넘어가 용궁으로 가게 된 토끼 이야기입니다. 이 부분은 토끼가 용궁에서 온 자라에게 처음으로 칭찬을 듣고 용궁으로 따라가 용왕의 신하가 되어볼까 생각하게 되는 장면입니다.

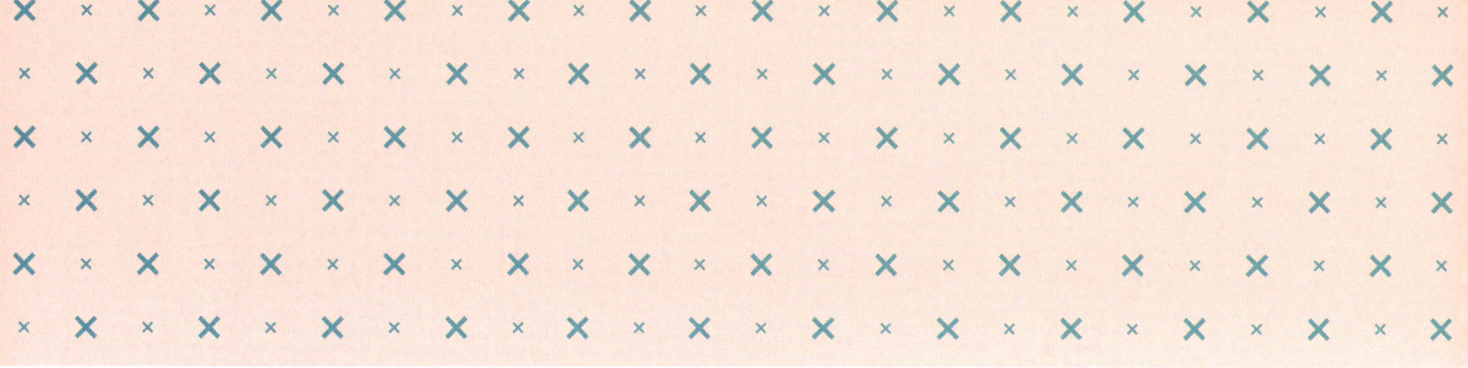

1. 다음 낱말들의 뜻을 찾아 줄로 이어 주세요.

① 화공 ・　　　・ ㉠ 한국, 중국, 일본 등에 사는 거북보다 작은 남생잇과의 동물

② 남생이 ・　　　・ ㉡ 예전에 나이 많은 선비를 대접하여 이르던 말

③ 생원 ・　　　・ ㉢ 상관을 도와 일을 처리함

④ 보좌 ・　　　・ ㉣ 예전에 '화가'를 이르던 말

2. 다음은 자라가 용왕에게 한 말입니다. 빈칸에 알맞은 말을 쓰세요.

> ☐☐께 충성하는 것은 신하의 ☐☐입니다. 제 간이라도 내어 드릴 수 있으나 ☐☐의 간이 약이라 하니 제가 나가서 반드시 구해 오겠나이다.

3. 다음 중 등장인물에 대한 설명이 틀린 것을 고르세요.

① 용왕: 토끼의 간을 구해 오겠다는 자라를 칭찬했어요.

② 자라: 용왕에 대한 충성심이 강한 신하예요.

③ 남생이: 원래 착한 성품을 타고나 누구에게나 친절했어요.

④ 토끼: 평소 산 속 짐승들에게 무시를 당해왔어요.

4. 다음 중 자라가 토끼에게 한 말이 아닌 것을 고르세요.

① "우리 수궁에 안 좋은 일이 자꾸 생겨 궁을 옮겨 지으려고 합니다."

② "이보시오, 토 생원."

③ "나는 용왕님을 보좌할 신하를 찾으러 육지에 나왔소."

④ "토 생원이야말로 수궁에서 큰일을 할 인물이오."

5. 밑줄 친 곳에 알맞은 말을 넣어 이야기 내용을 간추려 보세요.

_____는 _____의 병을 낫게 할 토끼의 간을 구하러 육지로 올라왔습니다. 짐승들의 회의에서 _____를 만난 자라는 토끼를 용궁에 데려가기 위해 같이 용궁으로 가서 용왕님의 _____가 되라고 거짓말을 했어요.

02 심청전 1
공양미 삼백 석

　이른 아침 심청은 맑은 물을 떠놓고 아버지의 눈을 뜨게 해달라고 기도하고 있었습니다. 그런데 밖에서 외치는 소리가 들렸어요. 무슨 일인가 하고 내다보니 낯선 사람들이 마침 심청 집 앞을 지나가며 소리쳤습니다.
　"처녀 삽니다. 열대여섯 살 된 처녀요. 처녀 삽니다."
　심청은 놀랍기도 하고 반갑기도 해서 그 사람들을 쫓아 나갔어요.
　"말씀 좀 여쭙겠습니다. 처녀를 산다니, 무슨 말씀이신지요?"
　한 사람이 조심스레 대답했습니다.
　"우리는 남경 장사꾼입니다. 배를 타고 장사를 다니는데, 인당수를 지날 때마다 배가 뒤집혀 사람도 죽고 물건도 잃어 손해가 막심했습니다. 그런데 제물을 바치면 인당수를 무사히 지날 수 있다 하여 제물로 바칠 처녀를 구하고 있습니다. 돈은 원하는 대로 드릴 것입니다."
　심청은 남경 장사꾼들에게 사정을 말하며 자신을 사라고 했습니다.
　"제가 마침 열다섯 살이에요. 제 아버지가 앞을 못 보시는데 공양미 삼백 석을 몽은사에 바치고 지성으로 불공을 드리면 눈을 뜰 수 있다고 합니다. 가난한 집에서 공양미 구할 길이 없어 애가 타던 참인데 마침 처녀를 사신다고 하니, 저를 팔아 아버지 공양미를 마련하고자 합니다. 부디 저를 사시어요."
　남경 장사꾼들은 곧바로 쌀 삼백 석을 몽은사로 보내주기로 했습니다.

심청은 다음 달 보름에 장사꾼들이 타고 갈 배에 함께 오르기로 했지요. 장사꾼들은 심청의 효성에 감동하기도 했고, 어린 소녀와 눈먼 아버지의 형편이 딱하기도 하여 심청의 집에도 쌀과 돈을 넉넉히 가져다주었습니다.

심청은 아버지께 이 소식을 전했습니다. 마음씨 착한 효녀지만, 공양미를 어디서 구했는지는 사실대로 말할 수가 없어서 심청은 아버지께 거짓말로 둘러댔어요.

"아버님, 몽은사에 공양미 삼백 석을 올렸으니 이제 더 이상 걱정하지 마세요. 장승상 부인께서 저를 수양딸 삼으려 하셨는데 지난번에는 그럴 수 없다고 사양했습니다. 하지만 공양미 삼백 석을 구해야겠기에 수양딸로 가겠다고 장승상 부인께 말씀드렸습니다. 염치없지만 쌀 삼백 석을 주실 수 있는지 여쭈었더니 바로 보내주셨어요. 저는 다음 달 보름에 장승상 댁에 들어가기로 했습니다."

심청의 말이 거짓인 줄도 모르고 아버지 심학규는 기뻐했습니다.

"그것 참 잘 되었구나. 고생 많던 딸은 귀한 집에 수양딸로 가 먹을 것 입을 것 걱정 없이 살 것이고, 나는 이제 눈을 뜨게 되었으니 이보다 좋을 수가 없구나!"

작품정보

『심청전』

아버지의 눈을 뜨게 하려고 인당수에 몸을 던진 효녀 심청이 황후가 되는 이야기입니다. 이 부분은 아버지가 몽은사에 시주할 쌀 삼백 석을 구하기 위해 심청이 남경 장사꾼들에게 자신의 몸을 팔기로 하는 장면입니다.

1. 다음 중 낱말 뜻이 틀린 것을 고르세요.

① 불공: 부처 앞에 향, 등, 꽃, 음식 따위를 바치고 기원함

② 공양미: 부처 앞에 물건을 바침

③ 보름: 음력으로 그 달의 15일째 되는 날

④ 수양딸: 남의 자식을 얻어서 기른 딸

2. 다음은 남경 장사꾼들이 처녀를 사는 이유입니다. 알맞은 낱말을 골라 O표 하세요.

> (여행 / 장사)하러 인당수를 지날 때마다 배가 뒤집혀 사람도 죽고 물건도 잃어 (공포 / 손해)가 막심했습니다. 그래서 그곳을 무사히 지날 수 있도록 (제물 / 선물)로 바칠 처녀를 구하고 있습니다.

3. 심청에 대해 잘못 말한 친구를 고르세요.

① 채경: 심청은 아버지가 눈 뜨시기를 간절히 바라고 있어.

② 기훈: 아버지를 위해 자신의 목숨을 바칠 각오를 했네.

③ 지웅: 아버지에게 거짓말을 해야 할 때는 마음이 아팠겠다.

④ 진영: 심청이 장승상 부인의 수양딸이 되어서 다행이다.

4. 심청의 말을 들은 아버지가 기뻐한 까닭이 아닌 것을 고르세요.

① 심청이 장승상 부인 댁에 수양딸로 간다고 한 말을 믿어서

② 장승상 부인의 수양딸이 되면 심청이 고생하지 않고 살게 되니까

③ 장승상 부인이 공양미를 보내주었으니 자신은 눈을 뜨게 될 테니까

④ 장승상 부인 덕분에 자신도 먹을 것, 입을 것 걱정 안 해도 되니까

5. 밑줄 친 곳에 알맞은 말을 넣어 이야기 내용을 간추려 보세요.

_____은 아버지의 눈을 뜨게 하려고 남경 _____들에게 자신을 팔아 _____ 삼백 석을 구했습니다. 아버지에게는 장승상 부인 댁에 _____로 가게 되었다고 거짓으로 둘러댔어요.

03 심청전 2
눈을 뜬 심학규

　한양에서는 여러 날 동안 잔치가 열리고 있었습니다. 황제가 맹인 잔치를 열어 달라는 심청 황후의 부탁을 흔쾌히 들어준 것이에요.

　그때까지 황주 도화동에 살고 있던 심청의 아버지 심학규는 여전히 눈을 뜨지 못했습니다. 게다가 남은 재산도 다 잃고 구걸을 해 겨우 입에 풀칠하며 살고 있었어요.

　심학규는 구걸을 나갔다가 한양에서 열리는 맹인 잔치 소식을 들었어요. 맹인들은 한 명도 빠짐없이 잔치에 가야 한다는 황제의 엄명이 있었다고 했어요. 심학규는 잔치 마지막 날에야 한양 땅에 도착했어요.

　심청은 그동안 맹인 잔치에 참석한 사람들 명단에 아버지 이름이 없는 것을 확인하고, 마지막 날에는 직접 잔치 마당에 나가보았습니다. 그러다 초라한 행색을 하고 들어오는 심학규를 보았어요. 심청은 상궁에게 심학규를 황후전으로 데려오게 했습니다. 상궁은 심학규를 이끌고 전각 안으로 들어와 말했습니다.

　"황후께서 물어보시는 것에 거짓 없이 대답하거라."

　심학규는 영문도 모른 채 그러겠다고 대답하고 황후 앞에 엎드렸습니다. 심청이 심학규에게 물었어요.

　"자식은 어찌하셨소?"

　심학규는 땅에 납작 엎드려 울면서 대답했습니다.

"황후마마, 눈에 넣어도 아프지 않은 딸이 하나 있었으나 열다섯에 죽고 말았사옵니다. 요망한 중이 공양미 삼백 석이면 눈을 뜰 수 있다 하기에 딸에게 그 말을 했더니 효심이 지극한 딸이 쌀 삼백 석에 자기 몸을 팔아 인당수에 빠졌습니다. 저는 눈도 뜨지 못하고 딸자식만 잃었습니다. 어리석은 저를 죽여주시옵소서."

심청은 눈물을 흘리며 이야기를 듣다가 버선발로 뛰어 내려와 아버지를 안았어요.

"아버지! 저예요, 아버지의 딸 청이입니다."

"무슨 말씀이십니까. 저는 아들도 없고 딸도 없습니다."

"아버지 속이고 인당수에 빠졌던 청이가 살아서 돌아왔습니다. 아버지, 저 좀 보셔요."

"청이가 살아 돌아왔다니 이게 무슨 말이냐. 정말 내 딸이라면 어디 얼굴 좀 보자. 아이고, 앞이 보여야 딸을 보지. 아이고, 내 딸 얼굴 한 번 보자."

이때 옥황상제의 명인지, 용왕의 명인지 눈에 무슨 약이라도 뿌린 것처럼 심학규의 눈에 빛이 들어오더니 거짓말처럼 눈이 번쩍 뜨였습니다. 심학규는 아름답고 고귀한 황후가 된 청이를 끌어안고 기쁨의 눈물을 흘렸습니다.

심학규가 눈을 뜨자 잔치 자리에 와있던 맹인들이 하나씩 눈을 뜨기 시작하더니 온 나라의 맹인들이 모두 눈을 뜨게 되었어요.

작품정보

『심청전』

아버지의 눈을 뜨게 하려고 인당수에 몸을 던진 효녀 심청이 황후가 되는 이야기입니다. 이 부분은 황후가 된 심청이 연 맹인 잔치에서 심청과 다시 만난 아버지가 눈을 뜨는 장면입니다.

1. 다음 중 낱말을 잘못 사용해 뜻이 어색한 문장을 고르세요.

① 일제가 허물어버린 경복궁의 **전각**들을 복원하고 있다.

② 아빠께 용돈을 더 달라고 했더니 **흔쾌히** 내어 주셨다.

③ 나는 한옥에 가서 한복도 입어보고 **버선발**도 신어보았다.

④ 버스 승객들은 **행색**이 수상한 그 사람을 쳐다봤다.

2. 다음 심학규에 대한 설명에서 맞는 것에는 O표, 틀린 것에는 X표 하세요.

① 황후가 된 심청의 아버지예요. (　　)

② 공양미 삼백 석을 바치고 바로 눈을 떴어요. (　　)

③ 재산을 다 잃고 구걸을 해 먹고 살았어요. (　　)

④ 한양에 너무 늦게 도착해 맹인 잔치에 못 갔어요. (　　)

3. 심학규가 심청 황후에게 죽여 달라고 말한 까닭을 고르세요.

① 황후가 자기 딸인데도 알아보지 못해서

② 나라 안에서 가장 높은 황후가 무서워서

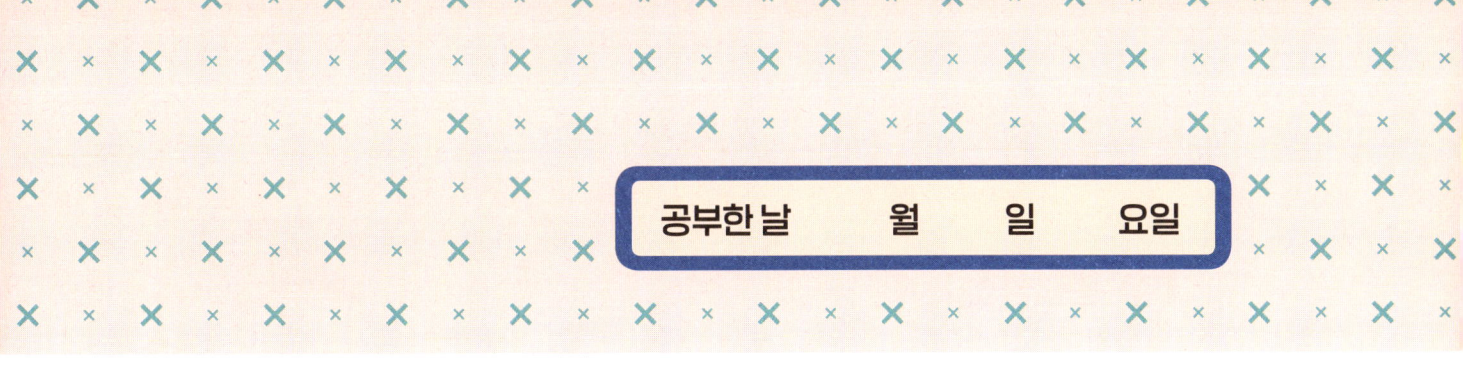

③ 자신의 눈을 뜨려는 욕심으로 딸을 잃었기 때문에

④ 자신이 뭔가 죄를 지어서 불려온 줄 알았기 때문에

4. 다음은 심학규가 눈을 뜨는 장면입니다. 빈칸에 알맞은 낱말을 쓰세요.

이때 ☐☐☐☐의 명인지, ☐☐의 명인지 눈에 무슨 약이라도 뿌린 것처럼 심학규의 눈에 ☐이 들어오더니 거짓말처럼 눈이 번쩍 뜨였습니다.

5. 밑줄 친 곳에 알맞은 말을 넣어 이야기 내용을 간추려 보세요.

황후가 된 _____은 아버지를 찾기 위해 _____를 열었습니다. 맹인 잔치에 온 _____는 심청을 만나 눈을 떴고, 온 나라의 _____들도 모두 눈을 뜨게 되었어요.

04 홍길동전 1
집을 떠나는 길동

　조선 세종 때 홍 씨 성을 가진 사람이 있었어요. 그는 좋은 가문에서 태어나 어린 나이에 과거에 급제하여 벼슬이 판서에까지 올랐습니다. 홍 판서에게는 두 아들이 있었는데, 큰아들 인형은 정실부인 유 씨에게서, 둘째 아들 길동은 여종 춘섬에게서 태어났어요.

　둘째 길동은 커갈수록 총명하고 재주가 뛰어났지만 어머니가 천한 신분이었기 때문에 아버지를 아버지라 부를 수 없었고 형을 형이라고 불러도 호된 꾸지람을 들었어요. 열 살이 넘어도 종들까지 자신을 함부로 대하니 길동의 원통한 마음은 점점 깊어갔습니다.

　어느 해 가을 보름 밤, 길동은 조용히 글을 읽다가 책상을 밀어내며 탄식했어요.

　"대장부로 태어나 공자와 맹자의 가르침을 받들지 못하면 병법을 익혀 대장군이 되어 나라를 위해 큰 공을 세우고 이름을 드높이는 것이 마땅하다. 나는 어찌 이렇게 태어나 아무것도 할 수 없단 말인가. 참으로 원통하구나."

　길동은 원통한 마음이 가라앉지 않자 뜰로 나가 검술 연습을 했습니다. 때마침 달빛을 보러 나왔던 홍 판서가 길동의 모습을 보고 가까이 불러서 물었어요.

　"무슨 일이 있기에 이 깊은 밤에 잠을 안 자고 뜰을 서성이느냐?"

길동은 머리를 숙이고 공손하게 대답했습니다.

"하늘 아래 가장 귀한 것이 사람이오나, 소인에게는 귀함이 없사옵니다. 소인이 대감의 정기를 받아 사내로 태어났으니 부모님이 낳고 길러 주신 은혜가 큰 줄 압니다. 그러나 아버지를 아버지라 부르지 못하고 형을 형이라 부를 수 없으니 어찌 저를 사람이라 하겠나이까."

이렇게 말하며 서럽게 우는 길동을 보니 가여운 마음이 들었으나 지금 위로해 주면 길동의 마음이 방자해질까 걱정되어 홍 판서는 길동을 큰소리로 꾸짖었어요.

"우리 같은 재상 가문에 천한 노비의 자식은 너뿐이 아닌데, 너는 어찌 이리 방자한 것이냐? 앞으로 다시는 그런 말을 입 밖에 내지 마라."

길동은 땅에 엎드려 눈물만 흘리다가 그 자리에서 물러 나왔지만 자기 방으로 돌아와서도 슬픔을 견딜 수 없었어요. 며칠 동안 깊은 생각에 잠겼던 길동은 어머니를 찾아갔습니다.

"어머니, 장부로 세상에 태어나 이처럼 남에게 천대를 받고 살 수는 없습니다. 저는 이제 어머니 곁을 떠나려 하니 어머니는 제 염려 마시고 부디 어머니 몸을 돌보십시오."

어머니께 인사를 드린 후 길동은 홍 판서를 찾아가 집을 떠나겠노라 인사를 드렸어요. 홍 판서는 길동을 말리지 못하고 떠나 보내면서 이제부터 아버지를 아버지, 형을 형이라 불러도 된다고 했습니다.

작품정보

『홍길동전』

양반 가문의 서자(얼자)로 태어난 홍길동이 탐관오리를 혼내주고 가난한 백성들을 돕다가 율도국으로 건너가 새 나라를 세운다는 이야기입니다. 이 부분은 신분이 천한 어머니에게서 태어나 차별을 받던 길동이 집을 떠나려 하는 장면입니다.

1. 다음 풀이에 알맞은 낱말을 〈보기〉에서 찾아 빈칸에 쓰세요.

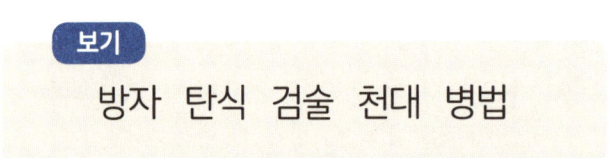

① ☐☐: 근심이나 원망 따위로 한탄하여 숨을 내쉼

② ☐☐: 전쟁에서 전투를 벌이는 방법

③ ☐☐하다: 어려워하거나 삼가는 태도가 없이 무례하고 건방지다.

④ ☐☐: 업신여겨 천하게 대우하거나 대함

⑤ ☐☐: 칼을 쓰는 기술

2. 다음 빈칸에 알맞은 이름을 쓰세요.

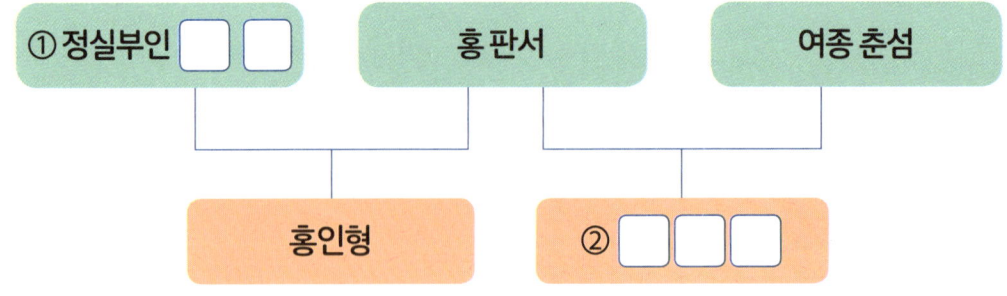

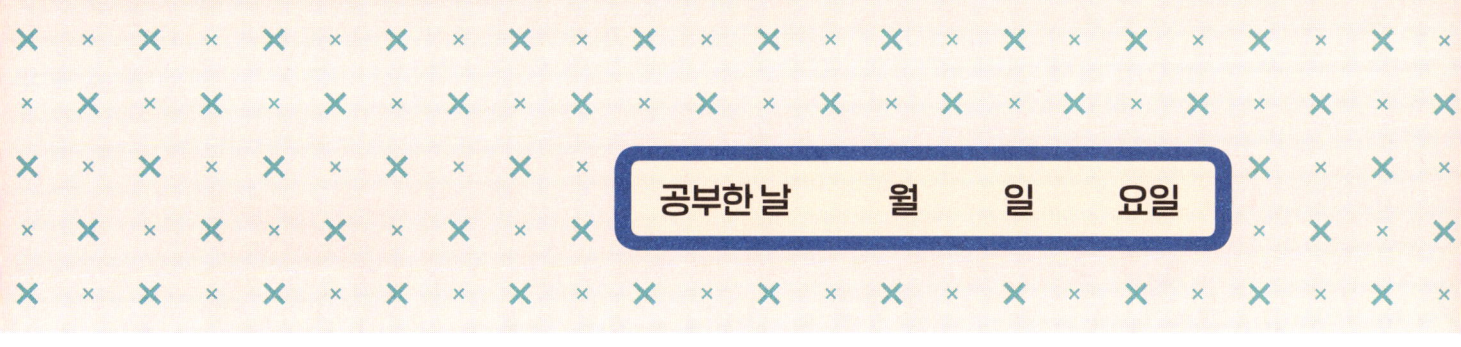

3. 다음 중 길동의 마음을 원통하게 한 일이 아닌 것을 고르세요.

① 아버지는 높은 벼슬을 가진 양반이었지만 어머니가 천한 신분이었어요.

② 아버지를 아버지라고, 형을 형이라고 부를 수 없었어요.

③ 대장군이 되어 나라를 위해 큰 공을 세울 수 없었어요.

④ 아무리 검술을 연습해도 실력이 늘지 않았어요.

4. 이 글에 나타난 조선시대 사회에 대한 설명으로 맞는 것을 고르세요.

① 양반과 종처럼 사람들의 신분이 나뉘어 있었어요.

② 재주가 뛰어나면 누구든지 나라를 구하고 공을 세울 수 있었어요.

③ 아버지의 신분만 높으면 자식도 출세할 수 있었어요.

④ 신분이 낮아도 검술이 뛰어나면 대장군이 될 수 있었어요.

5. 밑줄 친 곳에 알맞은 말을 넣어 이야기 내용을 간추려 보세요.

_____의 둘째 아들로 태어난 _____은 _____의 신분이 천해 아버지를 아버지라 부를 수도, 세상에 나가 뜻을 펼칠 수도 없었어요. 길동은 집을 나가기로 하고 어머니 아버지께 작별 _____를 했습니다.

05 홍길동전 2
홍길동을 잡아라

도적 무리의 우두머리가 된 홍길동은 무리의 이름을 '가난한 백성들을 돕는 무리'라는 뜻으로 '활빈당'이라 지었습니다. 활빈당은 백성들을 괴롭혀 재물을 모은 탐관오리나 양반들의 돈과 곡식을 빼앗았어요. 도적질을 한 뒤에는 활빈당의 홍길동이 다녀갔다는 방을 붙여 놓았습니다.

길동은 짚으로 일곱 개의 인형을 만들고 혼백을 불어넣어 일곱 홍길동을 만들어냈어요. 진짜 길동까지 여덟 길동은 팔도에 하나씩 흩어져 못된 벼슬아치나 양반 부자들의 곳간을 털어 가난한 백성들에게 나누어 주었습니다. 여덟 길동은 도술을 써 동에 번쩍 서에 번쩍 나타나니 아무도 잡을 수가 없었어요. 결국 나라에서는 길동의 형 인형을 경상관찰사에 임명하며 홍길동을 잡아오라는 명을 내렸습니다.

경상관찰사로 부임한 인형은 고을마다 길동에게 스스로 형을 찾아와 잡혀야 한다는 방을 써 붙였어요. 며칠 후 길동이 인형을 찾아왔습니다. 인형은 길동의 손을 잡고 눈물을 흘리며 말했어요.

"길동아, 네가 집을 나간 뒤로 아버님은 네 걱정으로 몸져누우셨다. 그런데 너는 도적이 되어 나라에 큰 죄를 짓고 있구나. 진노하신 전하께서 나에게 직접 너를 잡아들이라 하셨으니 즉시 한양으로 가서 전하께 무릎을 꿇도록 하여라."

"아버지와 형님을 위해 이곳으로 왔습니다. 이 못난 아우를 묶어 한양으로 올려 보내십시오."

인형은 동생 길동이 걱정되었지만 임금의 명에 따라 길동을 묶어 한양으로 보냈어요. 그러자 팔도에서 잡힌 길동들이 모두 한양에 모였습니다. 조정의 대신들은 누가 진짜 길동인지 알 수 없어 어쩔 줄 몰랐어요. 임금은 길동의 아버지 홍 판서를 불러들였습니다.

"서로 진짜 길동이라 우기는 저들 중에 경의 진짜 아들을 찾아내도록 하라."

몸둘 바를 몰라 하던 홍 판서는 조심스레 말했어요.

"신의 아들은 왼쪽 다리에 붉은 점이 있사옵니다."

그러고는 여덟 길동에게 큰소리로 말했습니다.

"너는 임금님께 큰 죄를 짓고 아비에게 근심을 끼쳤으니 불충불효가 막심하다. 죽을죄를 지었으니 더 이상 나라를 어지럽히지 마라."

홍 판서는 이 말을 마치고 쓰러졌습니다. 임금이 의원을 불러 홍 판서를 보게 했으나 깨어나지 못했어요. 이 모습을 지켜본 여덟 길동은 동시에 눈물을 흘리며 품 속에서 환약을 꺼내 홍 판서 입에 넣어드렸습니다. 얼마 후 홍 판서가 깨어나자 여덟 길동은 곧 짚으로 만든 인형이 되었고, 진짜 길동은 다시 사라졌어요. 며칠 후 한양 사대문에는 길동이 쓴 방이 붙었습니다.

"홍길동에게 병조판서의 벼슬을 내리면 잡힐 것이다."

작품정보

『홍길동전』

양반 가문의 서자(얼자)로 태어난 홍길동이 탐관오리를 혼내주고 가난한 백성들을 돕다가 율도국으로 건너가 새 나라를 세운다는 이야기입니다. 이 부분은 활빈당의 우두머리가 된 홍길동이 탐관오리의 곳간을 털어 가난한 백성들을 도와주자 나라에서 그를 잡으려 애쓰는 장면이에요.

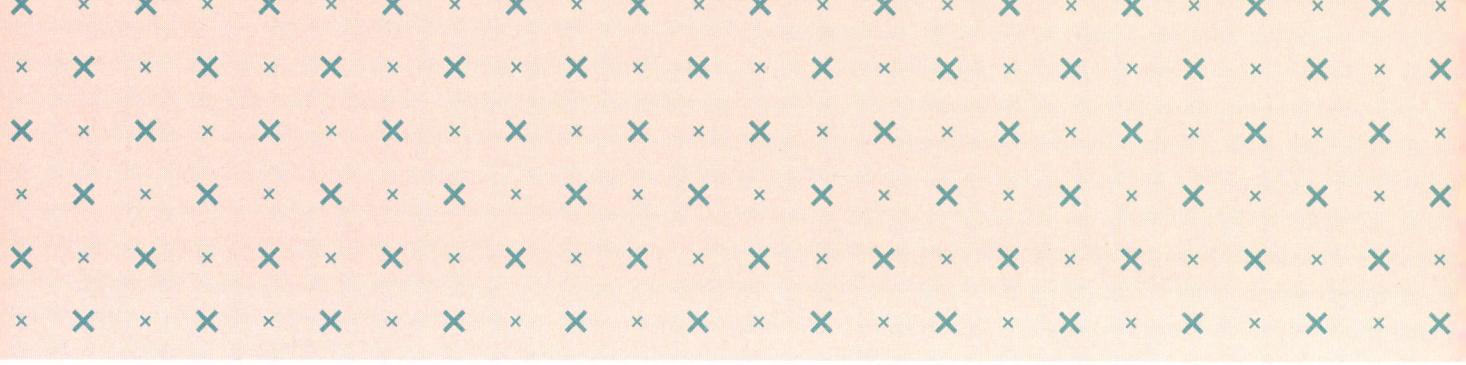

1. 다음 낱말들의 뜻을 찾아 줄로 이어 주세요.

① 탐관오리 •　　　• ㉠ 예전에 임금이 이품 이상의 신하를 이르던 말

② 방　　　 •　　　• ㉡ 약재를 가루로 만들어 반죽하여 작고 둥글게 빚은 약

③ 경　　　 •　　　• ㉢ 재물을 탐하고 행실이 깨끗하지 못한 관리

④ 환약　　 •　　　• ㉣ 여러 사람들에게 널리 알리기 위하여 길거리 등에 써붙이는 글

2. '가난한 백성들을 돕는 무리'라는 뜻을 가진, 홍길동이 이끌던 도적 무리의 이름을 쓰세요.

3. 홍길동이 보통 사람들과 다른 인물이라는 것을 보여주는 행동이 아닌 것을 고르세요.

① 짚으로 인형을 만들어 자신과 똑같은 사람들을 만들었어요.

② 도술을 써서 동에 번쩍 서에 번쩍 나타났어요.

③ 쓰러진 아버지를 보고 눈물을 흘렸어요.

④ 의원도 구하지 못한 아버지를 환약으로 살렸어요.

4. 사건이 일어난 순서대로 ( ) 안에 번호를 써 보세요.

① 임금은 홍 판서를 불러 진짜 길동을 찾아내라고 했어요. (　　)

② 여덟 명의 길동이 팔도에서 탐관오리들의 곳간을 털었어요. (　　)

③ 홍길동이 자신의 도적 무리 이름을 활빈당이라고 지었어요. (　　)

④ 다시 사라진 길동이 병조판서 벼슬을 달라고 방을 붙였어요. (　　)

⑤ 길동의 형이 경상 관찰사가 되어 길동을 잡아 한양으로 보냈어요. (　　)

5. 밑줄 친 곳에 알맞은 말을 넣어 이야기 내용을 간추려 보세요.

　　＿＿＿＿은 자신이 이끌게 된 도적 무리의 이름을 '활빈당'이라 짓고 ＿＿＿＿의 곳간을 털어 가난한 백성들을 도왔어요. 임금은 길동을 잡으려고 길동의 형과 ＿＿＿＿를 동원하지만 길동은 ＿＿＿＿ 벼슬을 주면 잡히겠다고 했습니다.

고전 속으로

1. 『토끼전』

『삼국사기』에 전하던 〈구토 설화-토끼와 거북의 우화〉가 조선 후기에 판소리의 형태를 거쳐 소설로 자리 잡은 것이 『토끼전』입니다. 『토끼전』은 짐승과 물고기들이 등장하여 인간 세상의 일을 이야기하는 우화 소설이자, 당시의 백성들과 호흡하며 그들의 꿈과 희망을 담은 판소리를 바탕으로 한 판소리계 소설입니다. 따라서 『토끼전』 안에는 현실에 대한 비판과 함께 새로운 세계에 대한 이상향이 모두 담겨 있습니다. 봉건 사회가 해체되어 가며 지배 계층의 횡포가 심했던 조선 후기에는 특히 당대 현실을 에둘러 비판하는 우화 소설이 많이 나왔고 『토끼전』이 그 대표적인 작품이라고 할 수 있습니다. 『토끼전』을 읽는 또 다른 재미는 순간순간 번뜩이는 토끼의 기지와 재치를 엿보는 것입니다. 자라의 유혹에 빠져 용궁으로 끌려간 토끼는 목숨을 잃을 절대적 위기 상황에 처하지만 꾀를 발휘하여 용궁에서 벗어납니다. 육지에 돌아와서도 그물에 걸리고 독수리에게 잡히지만 자신의 목숨을 지켜 내지요. 수많은 사건을 이겨내는 토끼의 모습은 험난한 현실에서도 재치와 웃음을 잃지 않으며 삶 속에서 지혜와 깨달음을 찾아가는 조상들의 해학을 느끼게 합니다.

2~3. 『심청전』

『심청전』은 현재 전하는 이야기만 무려 150종이 넘을 정도로 여러 사람에게 읽히며 전해 온 인기 있는 고전입니다. 내려온 방식 또한 다채로워서 소설로도 읽히고, 판소리로도 불리고, 가사로도 낭독되었습니다. 오늘날에도 『심청전』

은 뮤지컬, 애니메이션, 연극과 오페라 등으로 다양한 변신을 하며 독자들을 만나고 있습니다.

『심청전』은 효에 관한 이야기인 동시에 가녀린 소녀 주인공이 엄혹한 세상과 한판 대결을 벌여 승리하는 영웅적인 내용을 그리고 있습니다. 태어나자마자 어미와 아내를 잃은, 가련한 심청과 심 봉사는 혹독한 시련을 맞이합니다. 하지만 부녀는 서로를 위한 사랑과 세상을 향한 용기로 무장하고 고통스러운 역경을 극복해 나갑니다. 자신의 운명을 자신의 힘으로 감당하려는 굳은 의지를 보여주며, 쉽게 용기 낼 수 없는 선택들을 해 나가는 심청의 모습은 그녀를 고전 소설의 주인공 가운데 가장 인상적인 여성으로 만듭니다. 그리고 결국 심청의 효심은 심 봉사뿐만이 아니라 세상 모든 맹인의 눈을 뜨게 하지요. 심청과 심 봉사가 극적인 상봉을 하고 맹인들이 기적처럼 눈을 뜨는 장면은 어둠이 사라지고 환하게 밝아 오는 세상을 의미합니다. 이는 암흑 속에 갇혀 지내야 했던 조선 후기 민중에게 꿈꾸던 새 세상의 희망을 맛보게 했고 지금의 우리에게도 시원한 희망과 기쁨을 선사합니다.

『심청전』은 판소리계 소설의 하나로, 비통한 분위기뿐 아니라 익살스럽고 해학적인 분위기도 뛰어난 작품이에요. 다른 어떤 작품보다도 웃음의 빛깔이 다채롭습니다. 때론 어처구니없는 실소가, 때론 풍자적인 코웃음이, 때론 마음껏 크게 웃을 수 있는 떠들썩한 웃음이 절묘하게 배치되어 있지요. 또한 심청이 몸을 던진 인당수 속 세상은 우리를 비루한 일상으로부터 완전히 다른 용궁이라는 환상의 세계로 인도하기도 합니다.

고달프게 살면서도 주눅 들지 않고 굳세게 살아가는 심청을 보며 앞 못 보는 아버지를 가엾게 여기는 마음, 어려운 처지에도 자기를 키워 준 은혜에 보답하고 싶은 마음, 남에게 의지하지 않고 시련을 극복하려는 마음을 배울 수 있을 것입니다.

4~5. 『홍길동전』

허균이 지은 『홍길동전』은 드라마, 만화, 교과서 등 여러 곳에서 사랑받은 고전 작품입니다. 신분에 차이를 두는 나라 법 때문에 가족의 호칭을 제대로 부를 수 없고, 공부도 할 수 없었던 홍길동은 좌절하여 집을 떠납니다. 산속에 있는 동안 산을 오가는 여러 사람에게 도술과 병법을 배운 홍길동은 의적 활빈당의 우두머리가 됩니다. 탐관오리를 벌하고, 훔친 것을 백성에게 나눠 주는 활빈당의 명성이 커 갈수록 나라에서는 홍길동을 잡으려 혈안입니다. 결국 아버지를 볼모로 홍길동을 잡았지만 홍길동은 도리어 임금을 깨우치고 조선을 떠납니다. 홍길동은 자신을 따르는 수많은 백성을 보며, 진정으로 백성들을 위한 나라인 율도국을 세우게 되지요.

불합리한 신분 차별과 현실의 높은 벽을 뛰어넘고 싶었던 민중의 소망을 담은 『홍길동전』은 백성들에게 큰 인기를 끌었습니다. 누구나 쉽게 접할 수 있는 한글로 쓰인 데다, 홍길동이 보여주는 저항 정신이 당시 백성들로부터 큰 공감을 얻었던 것이지요. 신분 사회에 맞선 홍길동은 모두가 평등한 세상을 이룩하고자 활빈당을 이끌었습니다. 그리고 백성들을 괴롭히던 탐관오리들을 혼쭐내

며 영웅이 되었지요. 그리고 율도국을 세워 왕이 되었습니다. 태평성대 율도국은 고달픈 삶을 살아가던 조선의 백성이 꿈꾸던 이상의 땅이었습니다.

홍길동은 차별과 억눌림 속에서 살아온 백성들의 소망이 만들어 낸 영웅입니다. 홍길동은 자신의 한계를 극복하고 원하던 것을 모두 이루었지요. 아버지를 아버지라 형을 형이라 부르고 싶었던 한을 풀었고, 당시의 사회 제도 아래에서는 꿈도 꿀 수 없었던 벼슬자리에 오르고, 마침내는 한 나라의 왕이 되기까지 하지요. 조선의 엄격한 신분 제도 아래서는 입 밖에도 낼 수 없었던 꿈을 홍길동은 백성을 대신해 이루어 냅니다. 이로써 홍길동은 한계 앞에서 절망하지 않고 한계를 뛰어넘고자 하는 열망을 간직한 이들에게 용기를 주었습니다. 강한 자에게 핍박받는 약한 자들을 위한 삶을 살았던 홍길동이 주어진 삶에 순응하지 않고 세상과 통쾌한 승부를 가리는 영웅 이야기입니다.

짧은 글 쓰기 연습 1

낱말과 속담의 뜻과 쓰임을 익히고 그 낱말과 속담을 사용해 문장을 만들어 보세요.

1. 아래 가로 열쇠, 세로 열쇠의 풀이말을 보고 퍼즐 빈칸에 알맞은 낱말을 〈보기〉에서 찾아 써 보세요.

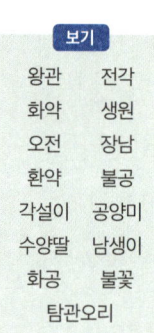

보기
왕관 전각
화약 생원
오전 장남
환약 불공
각설이 공양미
수양딸 남생이
화공 불꽃
탐관오리

🗝 가로 열쇠
② 남의 자식을 얻어서 기른 딸
④ 열이나 전기, 충격 따위의 가벼운 자극에 의하여 급격한 화학 변화를 일으켜 가스와 열을 발생시키면서 폭발하는 물질
⑤ 부처 앞에 향, 등, 꽃, 음식 따위를 바치고 기원함
⑦ 임금이나 왕족이 사는 큰 건물
⑩ 한국, 중국, 일본 등에 사는 거북보다 작은 남생잇과의 동물
⑫ 재물을 탐하고 행실이 깨끗하지 못한 관리

🗝 세로 열쇠
① 부처에게 공양으로 바치는 쌀
③ 약재를 가루로 만들어 반죽하여 작고 둥글게 빚은 약
④ 예전에 '화가'를 이르던 말
⑤ 타고 있는 불에서 생겨나는, 붉은빛을 띤 기운
⑥ 밤 열두 시부터 낮 열두 시까지의 동안
⑧ '장타령꾼'을 얕잡아 이르던 말. (예)작년에 왔던 ○○○ 죽지도 않고 또 왔네.
⑨ 그 집안에서 가장 큰아들
⑪ 예전에 나이 많은 선비를 대접하여 이르던 말
⑬ 임금이 머리에 쓰는 관

• 위의 낱말 중 세 개를 골라 하나씩 쓰고, 그 낱말을 넣어 각각 짧은 글을 지어 보세요.
예) 환약: 저 한의원에서는 소화제를 **환약**으로 만들어 주기도 한대.

　　　　　:
　　　　　:
　　　　　:

2. 다음 낱말에 쓰인 한자에 대해 알아봅시다.

病	병 **병**	뜻: ①질병, ②흠, 결점, ③근심

• 병(病)은 여러 가지 뜻 중에서 '질병'의 의미로 가장 많이 쓰여요.

보기

병원 질병 병실 전염병 성인병 병균

• 다음 낱말 뜻을 보고 빈칸에 알맞은 낱말을 위의 〈보기〉에서 찾아 쓰세요.

① ☐☐☐ : 주로 중년 이후의 성인들에게 문제되는 병을 통틀어 이르는 말

② ☐☐ : 몸에 생기는 온갖 병

③ ☐☐ : 병을 유발하는 세균

④ ☐☐☐ : 전염성을 가진 병들을 통틀어 이르는 말

⑤ ☐☐ : 일정한 시설을 갖추고 병을 진찰하고 치료하는 곳

⑥ ☐☐ : 병을 치료하기 위해 환자를 따로 거처하게 만든 방

3. 다음 속담 뜻을 알아봅시다.

지성이면 감천이다

정성이 지극하면 하늘도 감동한다는 뜻으로, 무슨 일이든지 정성을 다하면 어려운 일도 이룰 수 있다는 말입니다.

예) **지성이면 감천**이라더니 결국 심청의 아버지가 눈을 뜨셨네. 심청의 효심이 지극해 하늘도 감동한 것 같아.

· 위 속담을 넣어 짧은 글을 써 봅시다.

_____
_____
_____

> **글쓰기 연습 1**
>
> # 기행문
>
> 기행문은 여행을 통해 보고 들으며 경험하고 느낀 것을 쓰는 글이에요. 기행문은 여행의 추억을 떠올릴 수도 있고, 다른 사람이 같은 곳을 여행할 때 참고가 될 수도 있어요.

기행문은 어떻게 쓸까요?

1. 제목
여행 전체의 감상을 담아 어울리는 제목을 써요.

2. 처음: 여행의 목적과 기대
언제 누구와 무엇을 위해 떠난 여행인지, 여행지를 그곳으로 정한 이유는 무엇인지, 가기 전에 어떤 기대가 있었는지, 여행을 준비하면서 있었던 일 등을 써요.

3. 가운데: 여정, 견문, 감상
①여정: 여행지에서 다닌 곳을 방문한 순서대로 써요.
②견문: 간 곳에서 보고, 듣고, 경험한 것, 새로 알게 된 것을 써요.
③감상: 경험을 통해 느낀 점을 솔직하게 써요.

4. 끝: 여행 전체의 감상
여행 전체를 되돌아보며 여행에서 얻은 것과 부족했던 것, 좋았던 점과 아쉬웠던 점을 정리해서 써요.

● 다음은 『토끼전』의 자라가 육지 여행을 하고 쓴 기행문이에요. 이 글을 참고해 기행문 쓰는 방법을 익혀 보세요.

제목	**용궁 밖 또 다른 세상**
처음	지난달에 용왕님께 드릴 토끼 간을 구하러 육지에 다녀왔다. 한 번도 용궁 밖으로 나가본 적이 없어서 무척 기대도 되고 두렵기도 했다.
가운데	바다를 벗어나 처음 도착한 곳은 갯벌이었다. 넓게 펼쳐진 진흙 갯벌 속에는 바지락, 갯지렁이, 작은 게들이 살고 있었다. 그런데 진흙이 진득해서 기어서 모래밭까지 나가기가 너무 힘들었다. 　모래밭을 따라가 보니 작은 강이 나왔다. 다시 물을 만나서 무척 반가웠다. 강물에 몸을 적시니 살 것 같았다. 강물 속에는 바다 속에서 본 적 없는 물고기들이 살고 있었는데, 나와 닮은 남생이를 만나 신기하고 반가웠다. 남생이는 내가 모르는 물고기들과 풀과 꽃, 나무 이름을 알려주고, 토끼를 만날 수 있게 해주어 무척 고마웠다.
끝	육지에 다녀와 보니 세상이 무척 넓다는 것을 알게 되었다. 바닷속도 아름답지만 육지에도 아름다운 것이 많았다. 다음에는 가족들과 함께 가보고 싶다.

글쓰기 연습 1

기행문 쓰기

기행문을 써 봅시다.
먼저 내가 여행 또는 현장학습 갔던 곳을 떠올려 보세요. 거기서 방문한 곳과 보고, 듣고, 경험한 일을 정리해 봅시다. 아래 빈칸에 간단히 적어본 후 글로 옮겨 써 보세요.

1. 제목:

2. 처음(여행의 목적과 기대):

3. 가운데(여정, 견문, 감상)

여정(간 곳)	견문(보고, 듣고, 경험한 것)	감상(생각하고 느낀 것)
여정1		
여정2		
여정3		

4. 끝(여행 전체의 감상):

● 위에 적어둔 내용을 글로 완성해 보세요.

제목 _____

처음 _____

가운데 _____

끝 _____

글쓰기 연습

Week 2

춘향전 1
춘향전 2
구운몽 1
구운몽 2
장화홍련전

06 춘향전 1
단옷날 광한루에서

　조선 숙종 때 이한림이라는 양반이 있었어요. 그는 명문 집안 충신의 후손이었습니다. 이한림은 부사 벼슬을 얻어 남원 땅으로 내려와 백성들을 어질게 다스렸습니다. 이 부사 덕분에 살기가 좋아진 백성들은 그를 칭송했어요.

　이한림에게는 잘생기고 글솜씨도 뛰어난 아들 몽룡이 있었습니다. 아들이 열여섯 살이 되던 해 봄, 단옷날이었어요. 방 안에서 온종일 공부를 하던 이 도령은 방자를 불렀습니다.

　"방자야, 이 마을에서 경치가 제일 좋은 곳이 어디냐? 내 잠시 글공부를 쉬고 밖에 나가 봄기운을 느끼며 시 한 수 짓고 싶구나."

　"예, 도련님. 동문 밖으로 나가면 선원사, 서문 밖에는 관왕묘, 남문 밖으로는 광한루와 오작교, 북문 밖으로는 교룡산성이 좋지요. 어느 쪽으로 모실까요?"

　방자의 말을 들은 이 도령은 광한루 오작교로 봄나들이를 가기로 하고 아버지 사또께 허락을 받았습니다. 이한림도 기뻐하며 다녀와서 좋은 시를 지어 보라고 했어요.

　기생 월매의 딸 춘향도 단옷날 풍습대로 그네를 타려고 몸종 향단이와 함께 밖으로 나왔습니다. 고운 머리를 단정하게 빗어 땋아 내리고 얇은 비단치마를 입은 춘향의 모습은 참으로 아름다웠어요.

춘향은 거추장스러운 장옷과 신발을 벗고 높다란 버드나무 가지에 걸린 그네에 올랐어요. 그리고 향단이에게 그네를 밀어 달라고 하며 힘차게 발을 굴렀어요. 푸른 수풀 속에 붉은 치맛자락이 앞뒤로 펄럭이는 춘향의 모습은 시원하고도 아찔했습니다.

마침 광한루에 나와 강과 나무와 꽃들이 어우러진 풍경에 취해 있던 이 도령이 그네 타는 춘향을 보았어요. 멀리 보이는 춘향의 모습은 이 세상 사람이 아니라 선녀 같았습니다. 넋을 놓고 춘향을 바라보던 이 도령은 방자를 불렀어요.

"방자야, 저 건너 버들가지 사이로 오락가락 하는 게 대체 무엇인지 알아보고 오너라. 아마도 하늘에서 잠시 내려온 선녀 같구나."

"도련님, 선녀가 아니라 이 고을 기생 월매의 딸 춘향입니다."

"그래? 기생의 딸이라니 좋구나. 어서 가서 불러 오너라."

"도련님, 어미는 기생이지만 춘향이는 기생 노릇을 마다하여 여염집 처녀와 마찬가지입니다. 여자로서의 솜씨에 문장 솜씨까지 겸하였습니다. 그동안 내로라하는 양반 자제분들이 춘향이를 만나보려 했으나 도도한 춘향이를 다룰 수 있는 사람이 없었습니다. 그러니 도련님도 그 뜻을 거두시지요."

하지만 이 도령은 포기하지 않고 방자를 춘향에게 두 번이나 보내 설득한 끝에 춘향과 만나게 되었습니다.

작품정보

『춘향전』

기생의 딸로 태어났지만 아름답고 재주 많은 춘향이 이 도령과 평생의 인연을 맺고 오랜 기다림과 갖은 고난을 견뎌낸 뒤 다시 만나게 되는 이야기입니다. 이 부분은 이 도령이 남원 광한루에서 춘향을 처음 보고 반하는 장면입니다.

1. 다음 문장의 빈칸에 알맞은 낱말을 〈보기〉에서 골라 쓰세요.

> **보기**
> 여염집   부사   충신   장옷

① 조선시대의 _____는 오늘날 시장이나 군수와 비슷한 벼슬이었다.

② 정몽주는 고려의 마지막 _____이었다.

③ 조선 후기 여성들은 외출할 때 _____으로 얼굴을 가렸다.

④ _____ 여자들은 우물가에 모여 이야기를 나누었다.

2. 다음 중 이 글 속에서 다른 사람을 가리키는 낱말을 고르세요.

① 이한림   ② 이 부사   ③ 사또   ④ 이 도령

3. 등장인물에 대한 설명으로 틀린 것을 고르세요.

① 이한림은 남원 고을을 어질게 다스린 부사였어요.

② 이 도령은 이한림의 아들인데 글솜씨가 뛰어났어요.

③ 방자는 이 도령을 광한루 오작교로 모시고 갔어요.

46   Week 2

④ 춘향은 어머니 월매를 따라 기생이 되었어요.

4. 다음은 춘향에 대한 방자의 설명입니다. 빈칸에 알맞은 말을 쓰세요.

춘향이는 ☐☐ 노릇을 마다하여 여염집 처녀와 마찬가지입니다. 여자로서의 솜씨에 ☐☐ 솜씨까지 겸하였습니다. 그동안 내로라하는 양반 자제분들이 춘향이를 만나보려 했으나 ☐☐한 춘향이를 다룰 수 있는 사람이 없었습니다.

5. 밑줄 친 곳에 알맞은 말을 넣어 이야기 내용을 간추려 보세요.

남원 부사 이한림의 아들 _____은 단옷날에 글공부를 하다가 잠시 쉬려고 밖으로 나갔어요. _____에서 그네를 타는 _____의 모습을 본 이 도령은 _____를 보내 춘향과 만날 약속을 잡았습니다.

07 춘향전 2
돌아온 이 도령

남원 고을 변 사또의 생일 잔칫날이었어요. 여러 고을의 원님들이 모두 남원으로 모여들었습니다. 변 사또는 하인들에게 이것저것 분부를 내리고 있었습니다. 떠들썩한 잔치 마당에는 가지각색 깃발들이 휘날리고, 악공들의 악기 소리가 드높았으며 화려하게 차려입은 기생들이 춤을 추고 있었습니다. 문밖에서 어슬렁거리던 어사또는 안으로 들어서며 큰 소리로 말했어요.

"여봐라. 너희 사또께 먼 데서 온 걸인이 술이나 한 잔 얻어먹으려 한다고 여쭈어라."

하인은 잔치에 어울리지 않게 초라한 행색을 한 어사또를 조용히 끌어내려고 했어요. 그러나 다른 고을 원님이 변 사또에게 말했어요.

"저이가 행색은 거지처럼 보여도 양반인 것 같으니 구석에 자리를 마련해 주고 술이나 한 잔 먹여 보내는 것이 어떻겠소?"

변 사또의 허락으로 어사또가 받은 상은 모서리가 떨어진 개다리소반에 달랑 젓가락 하나, 김치 한 접시, 막걸리 한 사발뿐이었습니다. 다른 고을 원님들이 둘러앉은 상을 보니 상다리가 부러지도록 잘 차렸고, 원님들은 음악을 들으며 산해진미를 천천히 맛보고 있었어요. 그러더니 그들은 시를 한 편씩 지어 읊기로 했습니다. 어사또가 말했습니다.

"좋은 잔치에 맛있는 술과 안주를 얻어먹었으니 저도 시 한 편 적어 올리겠소이다."

붓과 벼루를 받은 어사또는 가장 먼저 시 한 편을 완성했습니다.

금 술잔의 향기로운 술은 만 백성의 피요,
옥쟁반의 맛있는 안주는 만 백성의 기름이구나.
촛농이 떨어질 때 백성들의 눈물도 떨어지고
노랫소리 높은 곳에 원망 소리도 높구나.

이 시를 읽은 이웃 고을 원님들은 거지 선비가 보통 사람이 아니라는 것을 눈치 채고 도망갈 핑계를 찾기 시작했어요. 그러나 술에 취한 변 사또는 부하들에게 감옥에 가둬둔 춘향을 불러 오라고 했어요. 춘향은 변 사또의 수청을 거절해 오랫동안 감옥살이를 하고 있었어요.

이때 어사또는 자신의 부하들에게 눈짓으로 신호를 보냈습니다. 잔치 마당 곳곳에 숨어있던 역졸들이 나타나 마패를 높이 들고 외쳤어요.

"암행어사 출두야!"

어사또는 이 도령이었어요. 과거에 장원 급제해 암행어사가 되어 돌아온 이 도령은 백성들을 괴롭히던 변 사또를 벌했습니다. 그리고 춘향을 다시 만나 기쁨의 눈물을 흘렸어요.

작품정보

『춘향전』

기생의 딸로 태어났지만 아름답고 재주 많은 춘향이 이 도령과 평생의 인연을 맺고 오랜 기다림과 갖은 고난을 견뎌낸 뒤 다시 만나게 되는 이야기입니다. 이 부분은 암행어사가 되어 남원에 돌아온 이 도령이 변 사또를 벌하고 춘향과 다시 만나는 장면입니다.

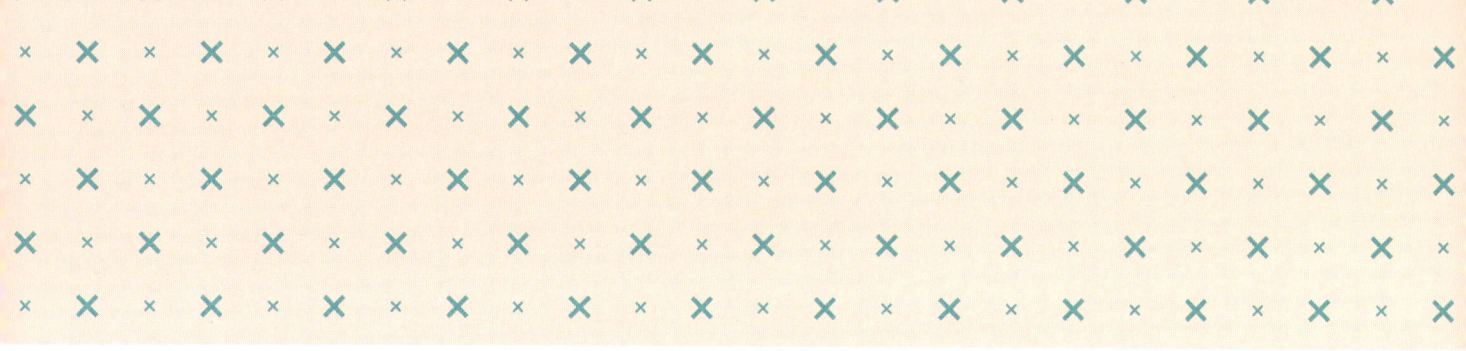

1. 다음 중 낱말 뜻이 틀린 것을 고르세요.

① 악공: 궁궐 안에서 임금, 왕비, 왕세자를 모시고, 궁중의 일을 맡아보던 여자

② 개다리소반: 상다리 모양이 개의 뒷다리처럼 구부러진 작은 밥상

③ 산해진미: 산과 바다의 온갖 진귀한 산물을 다 갖추어 차린, 매우 맛이 좋은 음식

④ 암행어사: 조선 시대, 임금의 특명을 받아 지방 정치의 잘잘못과 백성의 사정을 비밀리에 살펴서 부정 관리를 징계하던 임시 관리

2. 변 사또의 생일잔치 분위기와 다른 것을 고르세요.

① 백성들이 잔치 마당 주위를 어슬렁거렸어요.

② 여러 고을 원님들이 손님으로 왔어요.

③ 음악이 연주되고 기생들은 춤을 추었어요.

④ 원님들은 산해진미를 맛보았어요.

3. 다음은 어사또(암행어사)가 지은 시입니다. 빈칸에 알맞은 낱말을 쓰세요.

금 술잔의 향기로운 술은 만 백성의 ☐요,

옥쟁반의 맛있는 안주는 만 ☐☐의 기름이구나.

촛농이 떨어질 때 백성들의 ☐☐도 떨어지고

☐☐소리 높은 곳에 원망 소리도 높구나.

4. 등장인물들의 마음을 잘못 생각한 친구를 고르세요.

① 유경: 춘향은 감옥에서 풀려난 데다 이 도령도 만나서 무척 기쁘겠다.

② 민기: 이웃 고을 원님들은 어사또의 시를 보고 양심에 찔렸나 봐.

③ 지아: 어사또는 떠들썩한 잔치를 벌이는 변 사또를 보고 화가 났겠다.

④ 수영: 변 사또는 이 도령이 암행어사가 되어 나타난 게 반가웠을 것 같아.

5. 밑줄 친 곳에 알맞은 말을 넣어 이야기 내용을 간추려 보세요.

남원 고을 _____는 이웃 고을 원님들을 모두 불러 화려하고 흥겨운 _____를 벌였습니다. 초라한 행색으로 나타났던 이 도령은 자신이 _____라는 사실을 밝힌 뒤 변 사또를 처벌하고, _____과 다시 만났어요.

08 구운몽 1
성진과 여덟 선녀

　성진은 육관대사가 가장 아끼는 젊고 총명한 제자였어요. 어느 날 성진이 육관대사의 심부름으로 용궁에 다녀오는 길이었습니다. 부처님의 가르침을 받드는 성진이었지만 용왕이 자꾸만 권하는 바람에 술을 세 잔이나 마시고 서둘러 연화봉으로 돌아왔어요. 그런데 아직도 얼굴에 술기운이 남아 있는 것 같아 걱정이었어요.
　'스승님께서 붉어진 내 얼굴을 보시면 술을 마셨다고 꾸짖으실 텐데……'
　성진은 냇가로 가 찬물로 얼굴을 씻었어요. 그런데 어디선가 신비로운 향기가 느껴졌습니다. 마음을 온통 흔드는 그 향기를 따라 냇물의 상류로 올라갔어요. 거기에서 돌다리에 앉아 즐겁게 이야기를 나누고 있는 여덟 선녀를 보았습니다. 선녀들이 성진을 보고 놀라자 성진은 합장을 하고 고개를 숙이며 예의를 갖춰 말했어요.
　"선녀님들, 저는 육관대사의 제자입니다. 스승님의 심부름을 다녀오는 길인데 그 돌다리를 건너야 하니 잠시 자리를 옮겨 주시면 고맙겠습니다."
　여덟 선녀도 예를 갖추며 대답했습니다.
　"저희는 위 부인의 제자들입니다. 위 부인의 명으로 육관대사님을 뵙고 돌아가는 길이지요. 굳이 이 다리로 가실 것이 아니라 다른 길을 찾으시는 것이 좋을 듯합니다."
　성진이 다른 다리가 없다고 답했지만 선녀들은 도술을 부려 냇물을 건너라고 했어요. 그렇다면 통행료를 드리겠다면서 성진은 복숭아 꽃봉오리로 화려한 비단을 만들었습니다. 여덟 선녀는 각자 비단을 하나씩 들고 성진을 보며 활짝 웃고는 하늘로 날아올랐어요. 성진은 선녀들이 사라진 하늘을 올려다보고는 다리를 건너 법당으로 돌아와 육관대사께 인사를 올렸습니다. 육관대사가 물었어요.

"어찌하여 이렇게 늦었느냐?"

"예, 용왕이 정성껏 대접하는 바람에 오래도록 붙잡혀 있었습니다."

대사가 물러가 쉬라고 하자 성진은 자기 방으로 돌아왔어요. 그런데 성진의 머릿속에서는 여덟 선녀의 모습이 떠나지 않았습니다.

'사내로 태어났으면 벼슬을 얻어 나랏일을 하고 후세에 이름을 남기는 것이 보람일 것이다. 나 같은 승려는 높은 도를 닦지만 불경과 염주뿐이니 쓸쓸하구나.'

이런 생각에 잠겨 있던 성진은 자신이 십 년 동안 한 번도 마음을 흐트러뜨린 적이 없었던 것을 떠올리고는 향을 피우고 단정하게 앉아 스스로 뉘우치며 마음을 가다듬었어요.

그러나 성진이 용궁에서 술을 마시고, 선녀들에게 마음을 빼앗기고, 세상 사람들의 출세를 부러워했던 것을 모두 알고 있던 육관대사는 성진과 여덟 선녀에게 벌을 내리기로 했습니다.

작품정보

『구운몽』

조선시대 김만중의 소설로, 불도를 닦는 성진이 여덟 선녀를 만나 속세에 대한 욕망을 꿈꾸다가 양소유라는 인물로 다시 태어나 벼슬길에 올라 출세하고 여덟 부인을 얻는 이야기입니다. 이 부분은 성진이 여덟 선녀를 만나 속세의 삶을 부러워하자 스승 육관대사가 벌을 내리기로 하는 장면입니다.

1. 다음 중 낱말을 잘못 사용해 뜻이 어색한 문장을 고르세요.

① 내가 인사를 드리자 스님도 반갑게 웃으시며 **합장**하셨다.

② 놀부는 착한 흥부에게 이유도 없이 **도술**을 부렸다.

③ **법당** 안에는 금으로 만든 커다란 불상이 있었다.

④ 이모는 불국사에서 기념품으로 **염주**를 사셨다.

2. 다음 등장인물에 대한 설명에서 맞는 것에는 ○표, 틀린 것에는 ╳표 하세요.

① 성진은 육관대사가 아끼는 제자였어요. (   )

② 용왕은 성진에게 술을 마시라고 권했어요. (   )

③ 선녀들은 처음 보는 성진에게 말을 걸지 않았어요. (   )

④ 육관대사는 성진의 마음까지 다 알았어요. (   )

3. 사건이 일어난 순서대로 ( ) 안에 번호를 써 보세요.

① 육관대사는 성진의 잘못을 다 알고 벌을 내리기로 했어요. (   )

② 성진이 용궁에서 용왕이 주는 술을 마셨어요. (   )

③ 성진이 세수를 하다 여덟 선녀를 만났어요. (   )

④ 성진은 벼슬을 얻고 출세하는 속세 사람들을 부러워했어요. (   )

⑤ 성진은 선녀들에게 도술로 비단을 만들어 주었어요. (   )

4. 다음 중 부처님의 가르침을 받드는 성진이 저지른 잘못이 아닌 것을 고르세요.

① 용궁에 가서 용왕을 만나고 왔어요.

② 용궁에 가서 술을 세 잔 마셨어요.

③ 우연히 만난 선녀들에게 마음을 뺏겼어요.

④ 벼슬을 얻고 출세하는 사람들을 부러워했어요.

5. 밑줄 친 곳에 알맞은 말을 넣어 이야기 내용을 간추려 보세요.

육관대사의 심부름으로 용궁에 갔다가 술을 마시고 돌아오던 _____은 냇가에서 여덟 _____를 만났습니다. 성진이 선녀들을 생각하고, 속세 사람들의 _____를 부러워한 것을 알고 있던 _____는 성진에게 벌을 내리기로 했어요.

09 구운몽 2
양소유의 청혼

　양소유는 과거에 장원 급제해 한림원에 들어갔어요. 장안에는 양소유가 얼굴도 잘생긴 데다 뛰어난 실력까지 갖추고 있다고 칭찬이 자자했습니다. 지체 높은 가문 중에서 딸 가진 집들은 저마다 양소유를 사위로 맞아들이려고 야단이었어요. 그러나 양소유는 구혼자들을 모두 마다하고 정 사도 댁에 구혼하는 편지를 써 보낸 뒤 집으로 찾아갔습니다.
　정 사도는 양소유를 반갑게 맞이했어요. 양소유는 정 사도와 최 부인 부부에게 정중하게 인사를 한 뒤 말했습니다.
　"귀댁의 따님이 아름답고 정숙하다는 소문은 익히 들었습니다. 과거 시험관께 혼례를 주선하는 편지를 얻어 오긴 했습니다만 귀댁이 워낙 지체가 높은 가문이라 혼례 말씀을 꺼내기가 부끄럽고 망설여집니다."
　이렇게 말하고 소매에서 편지를 꺼내 정 사도에게 올렸어요. 정 사도는 편지를 읽어보고 크게 기뻐하며 혼인을 허락하고는 어서 술상을 내오라고 하인들을 재촉했습니다.
　정 사도의 딸 정경패는 몸종 춘운으로부터 이 모든 이야기를 전해 들었어요.
　"아버님은 혼인과 같이 큰일을 어찌 그리 쉽게 정하실까."
　아름답고 총명한 정경패는 아버지의 결정이 성급하다고 생각했습니다. 그때 최 부인이 여종을 시켜 정경패를 불렀습니다. 정경패가 어머니에게 가보니 최 부인이 말했어요.

"네 아버지가 양소유에게 너와의 혼인을 허락하셨단다. 내가 보기에도 양소유는 놓치기 아까운 인재더구나. 하나뿐인 귀한 딸을 그런 믿음직한 청년에게 보내게 되니 우리는 이제 걱정이 없다."

하지만 정경패는 마음에 걸리는 일이 있어 어머니에게 물어보았어요.

"하인에게 듣자니 그분의 얼굴이 지난번 우리 집에 와 거문고를 타던 여인과 매우 닮았다던데 정말인가요?"

"그래, 어디서 본 얼굴이다 했더니 그 여인과 얼굴이 똑같구나. 그러니 그가 얼마나 잘생겼는지 너도 알겠지?"

"어머니, 아무리 뛰어난 인재라 해도 저는 그 사람과 혼인할 수 없습니다."

최 부인이 정경패에게 그 까닭을 물으니 정경패가 대답했어요.

"어머니, 지난번 그 거문고 여인이 바로 양소유입니다. 제 얼굴을 보려고 여장을 하고 거문고를 타러 온 것입니다. 우리 가족 모두를 속인 사람과 어찌 혼인할 수 있겠습니까?"

최 부인은 몹시 놀랐지만, 잠시 후 두 모녀를 찾아온 정 사도는 그 말을 듣고 껄껄 웃었어요. 정 사도는 양소유가 배필 될 사람을 미리 보려고 잠시 여장을 한 것은 큰 잘못이 아니라며 혼인 준비를 서두르게 했습니다.

작품정보

『구운몽』

조선시대 김만중의 소설로, 불도를 닦는 성진이 여덟 선녀를 만나 속세에 대한 욕망을 꿈꾸다가 양소유라는 인물로 다시 태어나 벼슬길에 올라 출세하고 여덟 부인을 얻는 이야기입니다. 이 부분은 과거에 장원 급제한 양소유가 정경패의 아버지 정 사도에게 혼인 허락을 받는 장면입니다.

1. 다음 풀이에 알맞은 낱말을 보기에서 찾아 빈칸에 쓰세요.

   보기

   지체   정숙   주선   구혼   마다

   ① ☐☐ : 결혼을 청함

   ② ☐☐ : 여자로서 행실이 곧고 마음씨가 맑고 고움

   ③ ☐☐ 하다: 거절하거나 싫다고 하다.

   ④ ☐☐ : 일이 잘되도록 여러 가지 방법으로 힘씀

   ⑤ ☐☐ : 어떤 집안이나 개인이 사회에서 차지하고 있는 신분이나 지위

2. 양소유가 정 사도 댁에 보낸 편지 두 통은 각각 누가 쓴 것인가요? 다음 빈칸을 채워 보세요.

   첫 번째 편지: 구혼하는 편지 --- 쓴 사람: ☐☐☐

   두 번째 편지: 혼례를 주선하는 편지 --- 쓴 사람: ☐☐ ☐☐☐

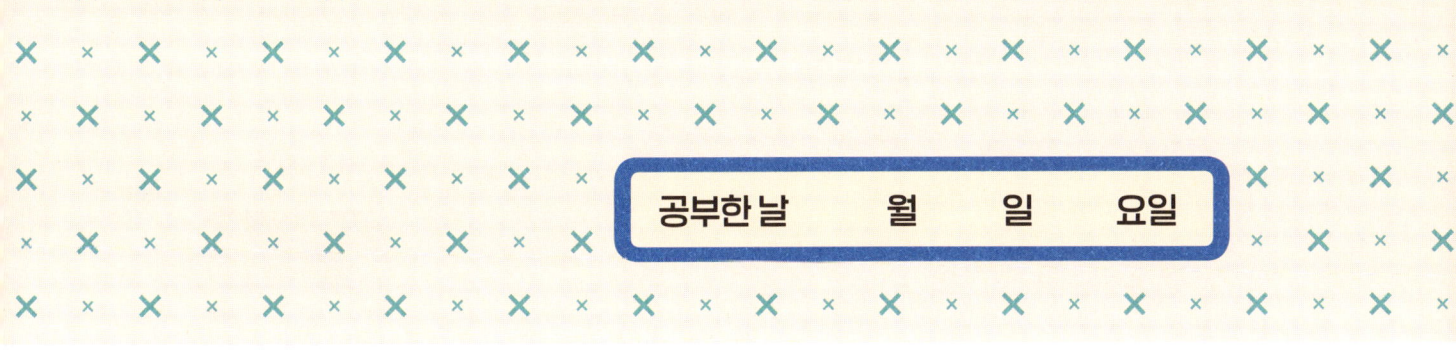

3. 등장인물들이 한 말의 내용으로 틀린 것을 고르세요.

① 양소유: 귀댁의 아름답고 정숙한 따님과 혼인하고 싶습니다.

② 정 사도: 혼인은 매우 크고 중요한 일이니 신중하게 결정하겠네.

③ 최 부인: 믿음직한 양소유에게 내 딸을 보내게 되어 마음이 놓이는구나.

④ 정경패: 우리 가족 모두를 속인 사람과는 혼인할 수 없습니다.

4. 다음 중 정경패가 양소유와 혼인할 수 없다고 한 까닭을 고르세요.

① 양소유가 과거에 장원 급제해 교만했기 때문에

② 양소유가 여장을 하고 자기 집에 왔었기 때문에

③ 양소유의 외모가 마음에 들지 않아서

④ 아버지가 양소유와 혼인하라고 강요해서

5. 밑줄 친 곳에 알맞은 말을 넣어 이야기 내용을 간추려 보세요.

과거에 장원급제해 한림원에 들어간 _____는 정경패에게 청혼하기 위해 _____ 집에 찾아갔습니다. _____는 양소유가 자기 가족을 속였기 때문에 혼인할 수 없다고 했지만 정 사도는 딸과 양소유의 _____를(을) 서둘렀어요.

10 장화홍련전
자매의 원한

조선 정종 때 철산 고을은 맡아서 다스리겠다는 사람이 없어 점점 살기 힘든 고장이 되어가고 있었어요. 새로 부임하는 부사마다 자신을 찾아온 장화 홍련 자매의 혼백을 보고 기절해 죽는 일이 계속되었기 때문입니다.

임금은 강직하고 사려 깊은 정동우라는 사람을 추천 받아 철산 부사로 내려 보냈어요. 정 부사는 철산에 도착하자마자 이방을 불러 물어 보았습니다.

"이 고을에 부임해온 원님들이 모두 첫날밤에 죽었다는 말이 사실인가?"

"예, 무슨 까닭인지 몇 년 전부터 새로 오시는 원님마다 첫날밤을 넘기지 못하고 그리 되셨습니다."

정 부사는 관아의 모든 사람들에게 밤새 잠들지 말고 무슨 일이 일어나는지 조용히 지켜보라 명했어요. 그리고 자신은 방 안에서 촛불을 밝히고 책을 읽고 있었습니다. 깊은 밤이 되자 갑자기 바람이 불어와 촛불이 꺼지더니 아름다운 여인이 문을 열고 들어와 정 부사에게 절을 했어요. 부사는 몹시 놀랐지만 마음을 단단히 하고 물었습니다.

"당신은 누구인데 이 깊은 밤에 나를 찾아 온 것이오?"

"저는 이 고을 사람 배무룡의 딸 홍련입니다. 실례인 줄 알지만 제 억울한 사연을 아뢰려고 찾아왔습니다."

홍련은 언니 장화가 여섯 살, 자신이 네 살 되던 해에 어머니가 돌아가

섰다며 이야기를 시작했습니다. 자매를 보물처럼 아껴주시던 어머니가 돌아가시고 새어머니 허씨가 들어와 아들 셋을 낳자 아버지는 새어머니의 말만 믿고 자매를 박대했어요. 그래도 장화와 홍련은 서로를 의지하며 부모님 뜻에 맞춰 살아가고 있었습니다.

장화와 홍련은 어여쁘게 자라나 혼인을 할 때가 되었어요. 아버지는 두 자매에게 좋은 짝을 찾아주려 했지만 새어머니는 자매를 시집보내려 하지 않았어요. 두 자매가 혼인할 때 혼수로 재물을 많이 가져갈까봐 그랬던 거예요. 새어머니는 돌아가신 자매의 어머니가 남긴 재산을 모두 차지하기 위해 두 자매를 죽일 생각이었습니다.

마침내 새어머니는 큰아들 장쇠를 시켜 장화를 깊은 연못에 빠뜨려 죽였어요. 이 사실을 알게 된 홍련은 머지않아 자신도 새어머니에게 죽게 될 거라는 생각이 들었습니다. 그래서 그리운 언니 곁으로 가기 위해 언니가 빠진 연못에 스스로 뛰어들어 죽고 말았습니다.

"아무도 모르는 이런 사연을 원님께 말씀드리려 했으나 이전의 원님들은 저를 보자마자 기절해 다시는 일어나지 못하셨습니다. 현명하신 원님, 저희의 처지를 가엾게 여기시어 이 일을 철저히 조사해 주시기 바라옵니다. 저희 자매의 원한을 풀어주시면 그 은혜는 잊지 않고 갚겠습니다."

홍련의 원혼은 이야기를 마친 뒤 조용히 절을 하고는 밖으로 사라졌습니다.

작품정보

『장화홍련전』

새어머니의 모함으로 누명을 쓰고 죽은 장화, 그리고 언니를 따라 죽은 홍련이 고을 원님에게 자신들의 원한을 하소연해 억울함을 푸는 이야기입니다. 이 부분은 홍련의 원혼이 원님에게 나타나 자매의 원통한 사연을 말하는 장면입니다.

1. 다음 낱말들의 뜻을 찾아 줄로 이어 주세요.

① 혼백 •　　　　• ㉠ 마음이 꼿꼿하고 곧은

② 강직한 •　　　　• ㉡ 분하고 억울하게 죽은 사람의 넋

③ 박대 •　　　　• ㉢ 귀신 또는 넋과 비슷한 말로, 사람의 몸에 있으면서 몸과 정신을 다스리는 것. 몸이 죽어도 영원히 남아 있다고 함

④ 원혼 •　　　　• ㉣ 인정 없이 모질게 대함

2. 다음은 철산 고을을 맡으려는 사람이 없었던 까닭입니다. 알맞은 낱말을 골라 O표 하세요.

새로 부임하는 (고을 / 부사)마다 자신을 찾아온 장화 홍련 (남매 / 자매)의 혼백을 보고 기절해 (죽는 / 도망가는) 일이 계속되었기 때문입니다.

3. 다음은 홍련에게 일어난 일들입니다. 시간 순서대로 (　) 안에 번호를 써 보세요.

① 새어머니 허씨가 아들 셋을 낳았어요. (　　)

② 장화, 홍련의 어머니가 돌아가셨어요. (　)

③ 홍련이 스스로 연못에 뛰어들었어요. (　)

④ 아버지까지 장화와 홍련을 박대했어요. (　)

⑤ 장쇠가 장화를 연못에 빠뜨려 죽였어요. (　)

4. 다음 중 홍련의 원혼이 정 부사를 찾아온 까닭을 고르세요.

① 무능한 원님에게 벌을 주기 위해서

② 잃어버린 아버지 배무룡을 찾아 달라 하려고

③ 언니와 자신의 원한을 풀어 달라 하려고

④ 물에 빠진 장화 언니를 찾아 달라 하려고

5. 밑줄 친 곳에 알맞은 말을 넣어 이야기 내용을 간추려 보세요.

새로 오는 부사마다 첫날밤에 죽어가던 _____ 고을에 정동우가 새로 부임했습니다. 그를 찾아온 _____ 의 원혼은 언니인 _____ 와 자신의 억울한 죽음을 철저히 조사해 _____ 을 풀어달라고 했어요.

고전 속으로

6~7. 『춘향전』

조선 숙종 때의 소설인 『춘향전』은 우리 고전문학 가운데 널리 사랑받는 소설입니다. 기생의 딸인 춘향과 양반 가문의 아들인 이 도령의 가슴 절절한 사랑 이야기를 그린 작품으로, 자유연애가 쉽지 않았던 당시에 사랑하는 사람을 택하고 정절을 지킨 춘향, 그리고 춘향을 희롱하는 변 사또를 통해 아름다운 사랑 이야기를 전하고 있어요. 더불어 사회의 신분 제도와 탐관오리를 향한 당시 민중들의 비판의식도 엿볼 수 있는 작품입니다.

『춘향전』은 변학도라는 사또를 내세워 백성들을 괴롭히는 탐관오리를 고발합니다. 죄 없는 사람을 함부로 옥에 잡아 가두고, 지아비가 있는 여염집 아낙에게 눈독을 들이며, 관아 곳간을 털어 생일잔치를 벌이는 모습을 통해 벼슬아치의 나쁜 짓을 낱낱이 보여줍니다.

그런가 하면 춘향을 통해 굳센 의지와 용기로 불의와 억압에 무릎 꿇지 않고 자기 것을 지켜 내고야 마는 당찬 여성의 모습을 보여줍니다. 죽음을 무릅쓰고 변 사또의 횡포에 당당하게 맞서며 그를 엄히 꾸짖기까지 하는 춘향을 보노라면 통쾌함을 느끼고 감동의 눈물을 흘리기도 합니다. 한편 어사또가 되어 돌아온 몽룡에게 혼쭐이 나는 변 사또의 구질구질한 꼴을 보노라면 손뼉을 치고 싶을 만큼 속이 후련해집니다. 아울러 일반 백성들이 양반을 조롱하는 모습이 곳곳에 그려져 있어 재미를 더합니다. 방자가 조금도 꿀리지 않고 주인인 몽룡을 대하는 모습이나, 어사또가 된 몽룡이 남원으로 내려오는 길에 농부나 아낙들한테서 양반 흉을 듣는 모습이 그러합니다. 겉으로는 어쩔 수 없이 양반을 떠

받들면서도 속으로는 우습게 여겼던 백성들의 속마음을 이야기하고자 했던 것입니다.

『춘향전』은 현실의 벽을 뛰어넘은 으뜸 사랑꾼들의 알콩달콩 사랑 이야기입니다. 춘향과 몽룡이 펼치는 사랑 이야기는 가슴이 뛸 만큼 설레고 재미납니다. 조선 시대는 신분이 다르면 사랑조차 하기 힘든 시대였지만 춘향과 몽룡은 그 벽을 거뜬히 뛰어넘어 고난 속에서도 서로에 대한 약속과 의리를 굳세게 지켜 아름다운 사랑을 이뤄 냅니다.

8~9. 『구운몽』

『구운몽』은 17세기 후반에 서포 김만중이 지은 소설로, 우리 고전 소설들 가운데 우뚝한 봉우리를 형성하고 있는 대표적인 작품입니다. 대략 삼백여 년 전의 작품인 『구운몽』에는 현대의 우리에게는 낯설고 이해하기 어려운 내용도 나옵니다. 무엇보다도 주인공 양소유가 두 명의 처와 여섯 명의 첩을 두고 '행복하게' 산다는 설정부터 당황스럽습니다. 그러나 그러한 남성 위주의 사고방식과 관습은 당시에는 오히려 선망의 대상이 되기도 했습니다. 『구운몽』을 제대로 읽으려면 이러한 시대적 차이를 인정하는 것이 먼저 필요합니다.

'구운몽'이란 제목에서 '구'는 숫자 아홉, '운'은 구름, '몽'은 꿈을 뜻합니다. 즉, '아홉 구름의 꿈 이야기' 혹은 '아홉 사람이 엮어 나가는 꿈같은 이야기'라는 의미가 됩니다. 아홉 사람이란, 양소유와 팔선녀를 말합니다. 이 아홉 사람이 차례로 만나서 사랑하고 자식을 낳고 성공하며 출세하는 이야기가 『구운몽』의 중심 내용입니다. 그리고 그 이야기를 액자처럼 둘러싸고 있는 바깥 부분에서는 성진의 이야기가 전개됩니다.

육관대사의 제자인 성진은 심부름으로 동정호 용왕에게 갔다가 술에 취해 돌아오던 길에 팔선녀를 만납니다. 성진은 돌다리 통행을 놓고 팔선녀와 희롱하다가 지옥으로 보내지고, 인간세상으로 쫓겨나 양소유라는 인물로 다시 태어납니다. 양소유는 이곳에서 팔선녀의 후신인 여덟 명의 여인, 진채봉, 계섬월, 정경패, 가춘운, 적경홍, 난양공주, 심요연, 백능파를 차례로 만나 인연을 맺어 나가지요. 또한 과거에서 장원 급제하여 관료로서 탁월한 능력을 보이며 승승장구하고, 임금과 태후의 눈에 들어 부마 자리에까지 오르며, 여러 전쟁에 나아가 대승을 이끄는 등 나라에 없어서는 안 될 가장 중요한 인물이 됩니다. 사랑하는 여인들과 더불어 행복한 나날을 보내고, 사회적으로도 성공하여 더 바랄 것 없이 영화로운 삶을 누리던 양소유는 인생의 정점에서 문득 회의감을 느끼고, 이때 나타난 육관대사에 의해 긴 꿈에서 깨어 원래의 성진으로 돌아옵니다. 득도한 성진은 이후 큰스님이 되어 대중에 불법을 베풀고, 비구니가 된 팔선녀와 함께 극락에 들게 됩니다.

10. 『장화홍련전』

조선 시대 훌륭한 신하들의 역사적 발자취와 언행을 기록한 『명신록』에 효종 때 평안도 철산 부사로 부임한 전동흘이 계모의 흉계로 두 딸이 억울하게 죽은 사건을 해결했다는 활약상이 전해지고 있어요. 그것을 후대 사람들이 상상력

을 덧붙이고 태몽 설화나 환생 설화와 같은 여러 설화를 곁들여 소설화한 것이 『장화홍련전』입니다. '착한 일을 권장하고 악한 일을 징계한다.'라는 주제 의식을 바탕으로 친어머니의 죽음과 새어머니의 등장, 새어머니의 흉계와 전처 자식의 복수, 가족의 재회가 이야기의 뼈대를 이루고 있어요.

우리나라 숱한 옛이야기나 소설, 영화에 등장하는 귀신에게는 공통점이 있습니다. 살아생전에 맺힌 원한을 죽어서라도 풀기 위해 현실에 등장한다는 점입니다. 그래서인지 우리 옛이야기에 등장하는 귀신들은 대부분 여성이고 그중에서도 처녀귀신이 많습니다. 가부장적인 중세 사회에서 여성들이 그만큼 수난당하고 소외됐으며 억울함이 컸다는 증거이지요. 사랑뿐만 아니라 삶의 자율성도 차단당한 여성들의 억울한 사정이 각종 귀신 이야기로 되살아났고, 머리를 풀어헤친 채 소복한 여성이야말로 우리 귀신의 원형이 되었습니다. 그 대표적인 작품이 바로 『장화홍련전』입니다.

짧은 글 쓰기 연습 2

낱말과 사자성어의 뜻과 쓰임을 익히고 그 낱말과 사자성어를 사용해 문장을 만들어 보세요.

1. 아래 가로 열쇠, 세로 열쇠의 풀이말을 보고 퍼즐 빈칸에 알맞은 낱말을 〈보기〉에서 찾아 써 보세요.

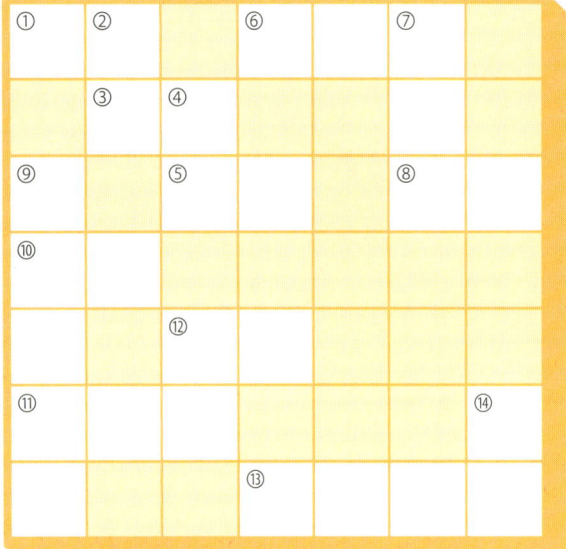

보기
부사 합장
악공 원혼
장옷 악기
다음 혼백
백합 구혼
집배원 여염집
소고기 암행어사
개다리소반

🗝 가로 열쇠
① 결혼을 청함
③ 백합과에 속한 여러해살이풀을 통틀어 이르는 말
⑤ 예전에, 여자가 바깥나들이를 할 때 얼굴을 가리기 위해 머리에서부터 길게 내리 쓰던 옷
⑥ 보통 백성의 살림집
⑧ 분하고 억울하게 죽은 사람의 넋
⑩ 이번 차례나 순서의 바로 뒤
⑪ 음식으로 먹는 소의 고기
⑫ 악기를 연주하는 사람
⑬ 조선 시대, 임금의 특명을 받아 지방 정치의 잘잘못과 백성의 사정을 비밀리에 살펴서 부정 관리를 징계하던 임시 관리

🎸 세로 열쇠
② 귀신 또는 넋과 비슷한 말로, 사람의 몸에 있으면서 몸과 정신을 다스리는 것. 몸이 죽어도 영원히 남아 있다고 함
④ 두 팔을 가슴께로 올려 두 손바닥과 열 손가락을 마주 합침
⑦ 편지나 소포 따위의 우편물을 받을 사람에게 배달하는 일을 맡아 하는 사람
⑨ 상다리 모양이 개의 뒷다리처럼 구부러진 작은 밥상
⑫ 음악을 연주하는 데 쓰이는 기구를 통틀어 이르는 말
⑭ 조선 시대, 정삼품의 대도호부사와 종삼품의 도호부사. 고을을 다스리던 사람

· 위의 낱말 중 세 개를 골라 하나씩 쓰고, 그 낱말을 넣어 각각 짧은 글을 지어 보세요.

예) 장옷: 옛 여인들은 외출할 때마다 **장옷**을 써야 했다니 무척 귀찮았겠다.

: _____

: _____

: _____

2. 다음 낱말에 쓰인 한자에 대해 알아봅시다.

傳	전할 전	뜻: ①전하다, ②펴다, ③널리 퍼뜨리다

- '전(傳)'은 '홍길동전', '심청전', '춘향전' 등에서는 '그 사람의 일대기'를 뜻하지만 다른 낱말에서는 '전하다', '퍼뜨리다'의 뜻으로 많이 사용돼요.

> **보기**
> 토끼전 전통 유전자 전설 전달 자서전

- 다음 낱말 뜻을 보고 빈칸에 알맞은 낱말을 위의 〈보기〉에서 찾아 쓰세요.

① ☐☐☐ : 자신의 생애와 활동을 직접 적은 기록

② ☐☐ : 어떤 집단이나 공동체에서 과거로부터 이어 내려오는 바람직한 사상이나 관습, 행동 따위가 계통을 이루어 현재까지 전해진 것

③ ☐☐ : 소식이나 말 따위를 사람에게 전하여 이르게 함

④ ☐☐☐ : 남해 용왕이 자신의 병을 고치기 위해 자라를 시켜 토끼를 잡아왔으나 토끼가 꾀를 써서 간을 꺼내 놓고 왔다며 용왕을 속이고 살아 나온다는 이야기

⑤ ☐☐☐ : 유전 형질을 규정하는 인자

⑥ ☐☐ : 오래전부터 전하여 내려오는 말이나 이야기

3. 다음 사자성어의 뜻을 알아봅시다.

일장춘몽 [一場春夢]

송나라의 시인이자 정치가인 소동파가 벼슬을 버리고 고향으로 돌아가 산책을 하고 있을 때, 지나가던 한 아낙네가 "벼슬자리에 앉아있던 지난날은 **한바탕의 봄 꿈**이셨습니까?"라 물었다고 합니다. 일장춘몽은 '흔적도 없이 사라지는 한바탕 봄밤의 꿈이라는 뜻으로, 인간 세상의 덧없음을 비유적으로 이르는 말입니다.

예) 성진은 양소유가 되어 누렸던 모든 것이 **일장춘몽**이었다는 것을 깨달았다.

· 위 사자성어를 넣어 짧은 글을 써 봅시다.

_____
_____
_____

짧은 글 쓰기 연습

글쓰기 연습 2

제안하는 글

주변에서 어떤 문제를 발견했을 때, 그것을 해결하기 위해 의견을 내는 것을 제안이라고 해요. 학교나 마을, 사회에서 문제라고 느끼는 점을 찾아 나와 이웃, 친구들이 함께 주변을 조금 더 좋아지게 만들 수 있는 방법을 생각하고 제안해 보세요.

제안하는 글은 어떻게 쓸까요?

1. 제목
제안하는 내용을 담아 간결하게 써요.

2. 처음: 문제와 이유
내 주변에서 문제라고 느끼는 것을 찾아보세요. 그것이 문제가 되는 이유와 함께 설명해주세요. 다른 사람도 그것이 문제라고 느낄 수 있도록 씁니다.

3. 가운데: 제안과 이유
문제를 해결할 방법을 제안해 주세요. 이때 문장은 '~합시다'나 '~하지 맙시다'로 끝맺도록 해요. 그리고 그 방법을 제안하는 이유를 꼭 쓰세요.

4. 끝: 강조
제안하는 내용과 그것을 실천했을 때 기대되는 효과를 간결하게 다시 써서 강조해요.

• 다음은 〈구운몽〉의 정경패가 쓴 제안하는 글이에요. 이 글을 참고해 제안하는 글 쓰는 방법을 익혀 보세요.

제목	**청혼 문화를 바꿉시다**
처음	저는 지금의 청혼 문화가 잘못되었다고 생각합니다. 신랑과 신부의 의견도 듣지 않고 부모님들끼리 혼인을 약속한다거나 제대로 대화도 못 해본 상대와 혼인하는 것이 특히 문제입니다.
가운데	그러므로 혼인을 약속할 때 신랑과 신부의 의견을 꼭 물어보도록 합시다. 좋은 가문과 혼인을 하는 것도 중요하지만 혼인해서 평생을 함께 살게 되는 신랑과 신부의 의견이 가장 중요하기 때문입니다. 그리고 혼인하기 전에 서로 알아갈 시간을 갖도록 합시다. 상대방 이름만 알고 혼인을 했다가 자신과 너무 안 맞으면 혼인 생활이 괴로울 것입니다. 그러니 혼인을 약속하기 전에 신랑과 신부가 최소 한 달 이상 만나보도록 하는 게 어떨까요?
끝	좋은 가문끼리 혼인하는 것도 좋지만 신랑과 신부 모두가 행복한 혼인이 되려면 청혼 문화부터 바꿔야 합니다. 신랑 신부의 의견을 물어보고, 신랑감과 신붓감이 혼인 전에 충분히 서로를 알 수 있도록 시간을 줍시다.

글쓰기 연습 2

제안하는 글 쓰기

제안하는 글을 써 봅시다.
자신이 문제라고 느끼는 일과 그 문제를 해결하기 위한 방법을 생각해 보세요. 제안하는 이유도 꼭 써야 합니다. 아래 빈칸에 간단히 적어본 후 글로 옮겨 써 보세요.

1. 제목 :

2. 처음: 문제와 이유

내가 찾은 문제점	
그것이 문제인 이유	

3. 가운데: 제안(해결 방법)과 이유

	제안(해결 방법)	이 방법을 제안하는 까닭
1		
2		

4. 끝: 강조

제안하는 내용	
기대되는 효과	

• 위에 적어둔 내용을 바탕으로 제안하는 글을 완성해 보세요.

제목 _____

처음 _____

가운데 _____

끝 _____

글쓰기 연습

Week 3

전우치전 1
전우치전 2
흥부전 1
흥부전 2
옹고집전

11 전우치전 1
황금 대들보

조선 중기, 대대로 높은 벼슬을 했던 명문가에서 태어난 전우치는 여우에게 빼앗은 구슬을 삼키고 신비한 능력을 얻었습니다. 게다가 도술 비법이 담긴 책까지 손에 넣게 되어 부리지 못하는 도술이 없게 되었어요. 전우치는 구름을 불러 타고 다니고, 천둥번개를 불러 비를 뿌릴 수도 있었습니다. 가고 싶은 곳은 아무리 먼 곳이라도 축지법으로 눈 깜짝할 새에 갈 수 있었고, 다른 동물이나 사람으로 변신할 수도 있었어요. 하지만 전우치는 그런 재주를 모두 숨긴 채 살고 있었습니다.

그러나 임금과 탐관오리에게 시달려 가난에 고통스러워하는 백성들을 보고 자신이 세상에 나설 때라고 생각했어요. 전우치는 신선으로 변신한 뒤 구름을 불러 타고 궁궐로 날아갔습니다. 전우치는 자신을 보고 놀란 임금과 신하들에게 구름 위에서 말했어요.

"왕은 어서 나와 옥황상제의 명을 받으라."

임금은 전우치가 옥황상제의 심부름으로 온 신선이라고 생각해 절을 하고 엎드려 명을 기다렸어요.

"옥황상제의 명이시다. 하늘의 궁궐을 다시 지으려 하니 너희 조선국은 황금 대들보를 만들어 바치도록 하라. 대들보를 올리는 날은 칠월 칠일이니 그날까지 만들어 바치지 못하면 큰 재앙이 있을 것이다."

말을 마친 전우치가 구름과 함께 사라지자 임금과 신하들은 의논을 시작했습니다. 임금은 팔도 관아에 공문을 보내 금을 보내라고 했어요. 그렇게 모은 금으로 엄청나게 큰 대들보를 만들었습니다. 칠월 칠일이 되자 정말로 신선이 다시 나타나 황금 대들보를 가지고 갔어요.

전우치는 황금 대들보를 팔아 마련한 곡식을 가난한 백성들에게 골고루 나누어 주었습니다. 백성들은 그런 전우치를 고을 원님이나 임금보다 낫다고 칭송했어요. 한편, 전우치가 자신들을 속여 황금 대들보를 만들게 했다는 사실을 알게 된 임금과 신하들은 몹시 분했어요. 임금은 당장 전우치를 잡아들이라고 했습니다.

전우치를 잡으러 온 금부도사는 전우치의 방에 뚜껑이 열린 병이 있는 것을 보고 의심스러워하며 뚜껑을 꼭 닫았습니다. 그러자 병 속에서 전우치가 소리쳤어요.

"누가 병 주둥이를 막았느냐. 숨이 막혀 죽겠으니 어서 열어라."

금부도사는 전우치가 병 속에 들어있는 것을 확인하고는 바로 임금에게 가져갔습니다.

임금은 그 병을 끓는 기름 속에도 넣어 보고, 망치로 두드려 산산조각 내고, 그 조각들을 기름에 끓이게 했어요. 하지만 어디선가 전우치의 말소리와 웃음소리가 계속 들려오더니 전우치는 어디론가 달아나버렸습니다. 임금은 전우치를 속이기로 하고, 순순히 자수하면 벼슬을 내리겠다는 방을 써 붙이도록 했어요.

작품정보

『전우치전』

전우치가 도술로 탐관오리를 혼내주고 백성들을 돕기도 하고 엉뚱한 말썽을 부리기도 하다가 서경덕의 제자가 되는 이야기입니다. 이 부분은 전우치가 백성을 수탈하는 임금과 탐관오리를 골탕 먹이고 백성들을 도와주는 장면입니다.

1. 다음 빈칸에 알맞은 낱말을 〈보기〉에서 찾아 쓰세요.

> **보기**
> 금부도사   옥황상제   대들보   신선

① _____은 늙지도 않고 죽지도 않는 사람이라고 한다.

② 하늘의 _____님께서 심청을 살려내어 황후가 되게 하셨다.

③ 집을 지을 때 기둥과 _____가 가장 중요하다.

④ 임금은 _____를 시켜 죄인에게 사약을 내렸다.

2. 다음 전우치에 대한 설명 중에 틀린 것을 고르세요.

① 여우에게 빼앗은 구슬을 삼키고 신비한 능력을 얻었어요.

② 도술 비법이 담긴 책을 얻어 도술을 익혔어요.

③ 가난한 농부의 집에서 태어나 가난한 백성들의 마음을 잘 알았어요.

④ 다른 동물이나 사람으로 변신할 수 있었어요.

3. 다음 중 임금과 신하들이 전우치에게 분했던 까닭이 아닌 것을 고르세요.

① 전우치가 신선으로 변신해 자신들을 속여서

② 전우치가 여러 가지 도술을 부리는 게 부러워서

③ 옥황상제께 바친 줄 알았던 금을 전우치가 마음대로 써버려서

④ 백성들이 임금이나 원님보다 전우치가 낫다고 칭송해서

4. 다음은 금부도사에게 잡혀 온 전우치가 부린 도술입니다. 빈칸에 알맞은 말을 써 보세요.

전우치는 ☐ 속에 들어갔어요. 금부도사가 병뚜껑을 닫아 임금님께 가져갔습니다. 임금은 그 병을 끓는 ☐☐ 속에도 넣어 보고 ☐☐로 산산조각 내게 했지만 전우치의 말소리와 웃음소리가 계속 들려왔습니다.

5. 밑줄 친 곳에 알맞은 말을 넣어 이야기 내용을 간추려 보세요.

전우치는 _____과 탐관오리 때문에 고통 받는 _____들을 보고 자신이 나설 때라고 생각했습니다. _____가 도술을 써서 임금과 신하들을 속여 얻은 ____으로 백성들을 돕자 임금이 전우치를 없애려고 했어요. 그러나 전우치는 어떤 방법을 써도 죽지 않았어요.

12 전우치전 2
그림 속의 창고

어느 날 전우치는 구름을 타고 가다가 어떤 집 앞에서 엎드려 통곡하는 사람을 보았어요. 전우치는 땅으로 내려와 그 까닭을 물었습니다.

"나는 한자경이라고 하오. 아버지가 돌아가셨으나 돈이 없어 장례를 치르지 못하고 있소. 게다가 어머니를 봉양할 돈도 없는 가난한 내 처지가 서러워서 울고 있다오."

이를 불쌍히 여긴 전우치가 소매에서 족자를 꺼내어 주며 말했어요.

"이 족자를 벽에 걸어 두고 '창고지기야' 하고 부르면 창고지기가 나올 것이오. 그에게 은자 백 냥만 달라고 하면 내어 줄 것이니 그 돈으로 장례를 치르시오. 그리고 날마다 한 냥씩만 달라고 해서 어머님을 봉양하시오. 꼭 한 냥씩이오. 더 달라고 하면 낭패를 당하게 될 것이니 절대 안 되오."

한자경은 고맙다고 인사하고 전우치를 배웅했어요. 방으로 들어와 족자를 걸어놓고 보니 큰 집이 하나 그려져 있었는데 문에는 자물쇠가 채워져 있었습니다. 그 문 앞에는 창고지기가 서 있었어요. 한자경은 마음속으로 의심하면서도 혹시나 하는 마음에 창고지기를 불러 보았습니다. 그러자 그림 속의 그 창고지기가 밖으로 나와 자기 앞에 고개를 조아리고 섰어요. 한자경이 은자 백 냥을 달라고 하자 창고지기는 그림 속으로 들어갔다 다시 나오더니 은자 백 냥을 주었습니다. 한자경은 그 돈으로 아버지 장례를 무사히 치렀습니다. 그 뒤로는 날마다 창고지기를 불러 은자 한 냥씩을 받아 어머니를 봉양했어요.

그러던 어느 날 한자경에게 급한 일이 생겨 큰돈이 필요했습니다. 그는 앞으로 받을 돈을 미리 당겨 한 번에 받아도 될 거라는 생각이 들었어요. 그래서 창고지기를 불러 말했어요.

"급한 일이 생겨 은자 백 냥이 필요하다. 앞으로 백 일 동안은 받지 않을 테니 오늘 백 냥을 갖다 다오."

창고지기는 절대 안 된다고 했지만 한자경이 자꾸만 달라고 하니 대답도 않고 그림 속으로 들어가 창고 문을 열었습니다. 한자경도 그림 속 창고로 따라 들어가 은자 백 냥을 들고 나오려는데 갑자기 창고 문이 닫혔습니다. 창고지기를 애타게 불렀지만 어디론가 사라져 대답조차 없었어요.

이때 그 앞을 지나던 사람들이 창고 안에서 사람소리가 난다고 호조판서에게 보고했어요. 호조판서가 하인들을 시켜 창고 문을 열어 보니 한자경이 은자 백 냥을 들고 서 있었어요. 하인들은 한자경을 도둑이라고 생각해 호조판서 앞으로 끌고 갔습니다. 호조판서가 어리둥절해 있는 한자경에게 말했어요.

"네 이놈! 나라의 창고 안에 들어가 은자를 훔치려 한 죄는 죽어 마땅하다."

한자경이 들어갔던 곳은 나라의 세금을 관리하는 호조의 창고였습니다.

작품정보

『전우치전』

전우치가 도술로 탐관오리를 혼내주고 백성들을 돕기도 하고 엉뚱한 말썽을 부리기도 하다가 서경덕의 제자가 되는 이야기입니다. 이 부분은 전우치에게 도움을 받은 한자경이 분에 넘치는 욕심을 부려 위기에 빠지는 장면입니다.

1. 본문에 사용된 다음 낱말 중 뜻이 틀린 것을 고르세요.

① 봉양: 부모나 조부모 등의 웃어른을 받들어 모시고 섬김

② 족자: 그림이나 글씨 따위를 벽에 걸거나 말아 둘 수 있도록 양 끝에 가름대를 대고 표구한 물건

③ 은자: 은으로 만든 돈

④ 판서: 고등 법원, 지방 법원, 가정 법원의 법관

2. 다음은 한자경이 울고 있던 까닭입니다. 빈칸에 알맞은 말을 쓰세요.

> 아버지가 돌아가셨으나 돈이 없어 ☐☐를 치르지 못하고 있소. 게다가 어머니를 ☐☐할 돈도 없는 ☐☐한 내 처지가 서러워서 울고 있다오.

3. 이 글의 내용으로 맞는 것에는 ○표, 틀린 것에는 ✕표 하세요.

① 전우치는 가난한 한자경을 한심하게 여겼어요. ( )

② 한자경은 처음에는 족자에서 돈이 나온다는 말을 의심했어요. ( )

③ 한자경은 창고지기를 따라 그림 속 창고로 들어갔어요. ( )

④ 호조판서는 창고지기에게 큰 벌을 내렸어요. ( )

4. 이 책을 읽은 뒤 나눌 이야기로 옳지 않은 것을 고르세요.

① 전우치는 가난한 백성들을 돕는 걸 좋아했던 것 같아.

② 그림 속에서 사람이 나오는 도술이 무척 신기해.

③ 전우치가 한자경을 위험에 빠뜨린 건 나빠.

④ 한자경은 지나친 욕심 때문에 일을 망쳤어.

5. 밑줄 친 곳에 알맞은 말을 넣어 이야기 내용을 간추려 보세요.

전우치는 가난한 처지를 슬퍼하는 _____에게 은자가 나오는 그림 _____를 주었습니다. 그러나 한자경은 _____의 당부를 무시하고 욕심을 부리다 붙잡혀 나라의 _____을 훔치는 도둑으로 몰렸어요.

13 흥부전 1
쫓겨난 흥부

옛날 어느 마을에 놀부, 흥부 형제가 살았습니다. 두 형제는 같은 부모 밑에서 태어났지만 성품은 전혀 달랐어요. 형 놀부는 게으르고 욕심쟁이인 데다 시기와 질투가 많았어요. 사람들은 그런 놀부를 보고 사람이라면 누구에게나 있는 오장육부 말고 심술보가 하나 더 있을 거라고 했습니다. 하지만 착한 동생 흥부는 부모님께 효도하고 어른을 공경했어요. 굶는 사람에게는 먹던 밥이라도 나눠주고, 벌레 한 마리도 함부로 죽이지 않았어요. 놀부는 이런 흥부가 손톱만큼도 마음에 들지 않았지만 부모님이 살아 계신 동안에는 사이좋은 척하며 지냈습니다.

그러나 부모님이 돌아가시자 놀부가 흥부를 불러 말했어요.

"애, 흥부야. 너도 아내도 있고 자식들도 있는 어른이다. 그런데 나에게만 의지해 먹고사니 한심하기 짝이 없구나. 부모가 물려준 재산이 많다고 하지만 그건 다 장손인 내 것이다. 너에게 물려줄 재산은 없으니 그리 알고, 처자식 거느리고 이 집을 나가거라."

갑자기 자기 식구들을 내쫓으려는 놀부의 말에 흥부는 기가 막혔어요.

"아이고, 형님. 이렇게 갑자기 나가라고 하시면 저희 식구가 어디 가서 무얼 해 먹고 산단 말입니까. 짐승들도 형제간의 우애를 안다고 하니, 제가 잘못한 것이 있더라도 너그러이 용서해 주시고 나가라는 말씀만은 거두어 주십시오."

그러나 놀부는 심술보가 터졌는지 동생에게 당장 나가라고 막무가내로 소리 질렀어요.

흥부네 식구들은 빈털터리로 쫓겨났습니다. 부잣집에서 넉넉하게 살던 흥부네 식구들은 하루아침에 길거리에서 구걸하는 신세가 되었어요. 길에서 자고 얻어먹으며 살 곳을 찾아다니던 흥부네는 복덕골에서 빈집 한 칸을 발견했습니다. 곧 쓰러질 것 같은 집이었지만 흥부는 그 집을 잘 고쳐서 살기로 했어요.

겨우 바람이나 피할 수 있는 집에서 근근이 먹고 살았지만 자식복은 넘쳤는지, 아이들이 계속해서 태어나 열다섯 명이나 되었습니다. 한창 자라는 시기인 아이들은 배고픔을 참지 못했어요. 아이들은 날마다 흥부 부부에게 먹고 싶은 음식 얘기만 했습니다. 아이들의 배고프다는 소리를 듣다 못한 아내가 흥부에게 말했습니다.

"여보, 형님 댁에 가서 돈이든 곡식이든 좀 얻어 오세요. 굶고 있는 자식들 안 보여요?"

"형님이 먹을 것을 주실까? 먹을 것은 안 주시고 나를 내쫓으면 사람들이 형님 욕을 할 텐데, 안 가는 게 낫겠어."

"뭐라고요? 줄지 안 줄지 가봐야 알지요. 얼른 가 봐요!"

아내의 말을 들은 흥부는 할 수 없이 터덜터덜 놀부 집으로 향했어요.

작품정보

『흥부전』

마음씨 착한 흥부가 형 놀부에게 쫓겨난 뒤 제비 다리를 고쳐주어 복을 받고, 반대로 벌을 받게 된 못된 놀부는 지난날의 잘못을 뉘우치고 새 사람이 된다는 이야기입니다. 이 부분은 마음씨 고약한 놀부에게 쫓겨난 흥부가 굶주리는 자식들에게 먹일 것을 얻으러 놀부를 찾아가는 장면이에요.

1. 다음 중 낱말을 잘못 사용해 뜻이 어색한 문장을 고르세요.

① 나는 **오장육부**가 다 그려진 지도를 선물 받았다.

② 할머니는 집안의 **장손**이라고 오빠를 더 챙기셨다.

③ 동생은 엄마에게 장난감을 사달라고 **막무가내**로 떼를 썼다.

④ 그 동물보호센터는 후원금으로 **근근이** 버티고 있었다.

2. 다음은 놀부와 흥부의 성품을 비교하는 글입니다. 알맞은 낱말을 골라 O표 하세요.

형 놀부는 게으르고 (욕심쟁이 / 잠꾸러기)인 데다 시기와 질투가 많았어요. 사람들은 놀부에게 오장육부 말고 (웃음보 / 심술보)가 하나 더 있을 거라고 했습니다. 하지만 착한 동생 흥부는 부모님께 효도하고 어른을 (공경 / 존경)했어요.

3. 다음 중 흥부가 놀부와 함께 살던 집에서 나올 때의 상황으로 옳은 것을 고르세요.

① 놀부는 흥부를 내보내기 전에 준비할 시간을 주었어요.

② 흥부는 놀부의 말을 듣자마자 바로 집을 나갔어요.

③ 놀부는 흥부에게 부모님의 유산을 나누어주지 않았어요.

④ 놀부와 함께 살던 집에서 흥부만 혼자 쫓겨났어요.

4. 복덕골에서 살던 흥부가 놀부네 집을 찾아간 까닭을 고르세요.

① 떠나온 지 오래돼서 놀부에게 안부 인사를 하려고

② 놀부에게 일자리를 알아봐 달라고 부탁하려고

③ 놀부에게 자식들을 돌봐 달라고 부탁하려고

④ 놀부에게 곡식이나 돈을 얻어다 자식들을 먹이려고

5. 밑줄 친 곳에 알맞은 말을 넣어 이야기 내용을 간추려 보세요.

놀부와 흥부는 같은 부모에게서 태어난 _____였지만 _____는 욕심쟁이에 질투가 많았고 흥부는 착했습니다. 놀부에게 쫓겨나 가난하게 살던 _____는 배고픈 _____에게 먹일 것을 구하려고 놀부 집을 찾아갔어요.

14 흥부전 2
제비에게 베푼 은혜

한 스님이 복덕골 흥부 집 앞을 지나가다 구슬픈 울음소리를 들었습니다. 스님은 발걸음을 멈추고 문 앞에서 조용히 목탁을 두드렸어요. 목탁 소리를 듣고 나온 흥부가 부끄러워하며 말했어요.

"스님, 죄송합니다만 저희 집엔 스님께 시주할 돈도 곡식도 없습니다. 지금도 식구들이 여러 날 굶다가 다 같이 울고 있었습니다."

스님은 몹시 안타까워하면서 좋은 일이 생기는 훌륭한 집터를 알려주겠다고 했어요. 흥부가 스님을 따라가 집터를 보니 왠지 마음이 편안해졌어요. 흥부는 스님께 감사드리고 그 자리에 작은 집을 짓고 살았습니다.

다음 해 봄, 강남에서 날아온 제비 한 쌍이 흥부 집에 둥지를 틀었어요. 흥부는 기뻐하며 말했습니다.

"가난한 우리 집에 반가운 손님이 다 찾아오셨네. 한집에서 잘 살아보자, 제비들아."

사이좋은 제비 부부는 알을 낳고 정성껏 품어주어 새끼가 여섯 마리나 되었어요. 어미가 부지런히 먹이를 물어다 먹여 새끼들은 하루가 다르게 자랐어요.

그러던 어느 날 구렁이 한 마리가 소리도 없이 기둥을 타고 제비 둥지로 올라갔어요. 새끼 제비들이 아우성치는 소리에 놀라 달려간 흥부는 작대기로 구렁이를 쫓아냈어요. 그러나 제비 새끼 다섯 마리는 구렁이 배 속으로 들어갔고, 남은 한 마리는 땅에 떨어져 다리가 부러졌습니다.

흥부는 다리를 다친 새끼 제비를 조심스레 데려다가 명주실로 다리를 감아주고 다시 둥지에 넣어 주었어요. 다행히 제비의 다리는 잘 붙고 새끼 제비는 잘 자라 하늘 높이 마음껏 날아다닐 수 있게 되었어요.

겨울이 다가오자 제비 가족들은 강남 갈 채비를 하기 시작했어요. 강남으로 떠나는 날 제비 가족은 작별인사라도 하는 것처럼 흥부네 집을 여러 번 빙빙 돌며 날았어요. 흥부네 식구들도 나와서 제비 가족들에게 손을 흔들었습니다.

"제비들아, 추운 겨울은 강남에서 잘 보내고, 따뜻한 봄이 오면 다시 우리 집으로 오려무나."

강남으로 날아간 제비 가족은 제비 임금에게 인사를 드렸어요. 제비 임금이 말했어요.

"그래, 그동안 너희 가족 모두 잘 지냈느냐?"

제비 가족이 구렁이에 죽을 뻔한 일과, 마음 착한 흥부가 다리를 고쳐준 일을 모두 말하자 제비 임금은 새 봄에 흥부네로 돌아갈 때 좋은 선물을 줄 테니 꼭 가져다가 흥부에게 주어 은혜를 갚으라고 했습니다.

작 품 정 보

『흥부전』

마음씨 착한 흥부가 형 놀부에게 쫓겨난 뒤 제비 다리를 고쳐주어 복을 받고, 반대로 벌을 받게 된 못된 놀부는 잘못을 뉘우치고 새 사람이 된다는 이야기입니다. 이 부분은 마음씨 착한 흥부가 제비 다리를 치료해주자, 제비 임금이 그 제비에게 흥부의 은혜를 갚으라고 하는 장면이에요.

1. 다음 낱말들의 뜻을 찾아 줄로 이어 주세요.

① 목탁 ・

・ ㉠ 중국 양쯔강(揚子江)의 남쪽 지역을 이르는 말. 흔히 남쪽의 먼 곳이라는 뜻으로 쓴다.

② 시주 ・

・ ㉡ 절이나 승려에게 물건을 베풀어 주는 일

③ 명주실 ・

・ ㉢ 승려가 독경이나 염불을 하거나 사람들을 모이게 할 때에 두드려 소리를 내도록 한 물건

④ 강남 ・

・ ㉣ 누에고치에서 뽑은 가늘고 고운 실

2. 스님이 흥부에게 훌륭한 집터를 알려준 까닭이 아닌 것을 고르세요.

① 흥부 식구들의 구슬픈 울음소리를 들어서

② 흥부 식구들이 여러 날 굶었다는 말을 들어서

③ 흥부가 나중에 돈을 많이 준다고 해서

④ 흥부 집안 형편을 들으니 안타까워서

3. 이 글의 내용으로 틀린 것을 고르세요.

① 스님은 가난해서 굶주리는 흥부네 식구들을 안타깝게 생각했어요.

② 새로운 집터에 집을 짓자마자 흥부에게 좋은 일들이 일어났어요.

③ 흥부는 구렁이를 쫓아내고 다리 다친 새끼 제비를 보살폈어요.

④ 겨울이 다가오자 제비 가족은 따뜻한 강남으로 떠나갔어요.

4. 다음은 제비 임금과 제비 가족의 대화입니다. 빈칸에 알맞은 말을 쓰세요.

"그래, 그동안 너희 가족 모두 잘 지냈느냐?"

"예, 그런데 하루는 ☐☐☐란 놈이 기둥을 타고 집으로 올라오는 바람에 새끼를 다섯이나 잃고, 남은 한 녀석이 높은 집에서 떨어져 다리가 부러졌나이다. 마음씨 착한 흥부가 구렁이를 쫓아내지 않았다면 저 녀석마저 잃을 뻔했습니다. 흥부가 ☐☐☐로 다리를 고쳐주어 오늘 무사히 이 강남까지 함께 올 수 있었나이다."

"참으로 고마운 일이구나. 새 ☐에 흥부네로 돌아갈 때 ☐☐을 줄 터이니 반드시 흥부에게 전하여 은혜를 갚도록 하여라."

5. 밑줄 친 곳에 알맞은 말을 넣어 이야기 내용을 간추려 보세요.

_____이 알려준 집터에 새로 지은 _____네 집에 _____가족이 둥지를 틀었습니다. 흥부가 다리를 다친 새끼 제비를 돌봐주자 제비 임금은 제비 가족에게 흥부의 _____를 갚으라고 했어요.

15 옹고집전
옹고집이 두 명

　옹진골 옹당촌이라는 마을에 한 사람이 살고 있었습니다. 그는 고을의 좌수로, 성은 옹 씨에 이름은 '고집'이었어요. 그는 심보가 고약해서 풍년을 좋아하지 않았고 무슨 일이든 자기 고집대로 했어요. 그는 큰 부자여서 집이 아주 으리으리했으며 마당은 갖가지 꽃과 나무로 화려했어요. 하지만 병든 어머니는 차가운 방에 홀로 누워 있게 하고 제대로 돌보지도 않았어요.

　옹고집은 불교를 싫어해서 스님을 보기만 해도 괴롭히기 일쑤였습니다. 그래서 이제 그 집에 시주 받으러 가는 스님은 아무도 없었어요. 월출봉 취암사의 도사가 옹고집에 대한 소문을 들었어요. 귀신도 속일 정도로 도술이 뛰어났던 도사는 학대사라는 스님을 불러 말했습니다.

　"옹당촌의 옹 좌수가 불교를 업신여기고 중을 보면 원수 대하듯 한다고 하니 네가 그놈 집에 가서 혼쭐을 내주고 오너라."

　마을로 내려간 학대사는 옹고집을 불러 스스로 못된 성품을 뉘우치게 하려고 했어요. 그러나 옹고집은 학대사의 가르침을 듣다 말고 하인들을 시켜 스님을 매질하여 쫓아냈습니다. 학대사는 취암사에 돌아와 도사에게 이 사실을 말했어요.

　"말로 해서는 안 될 인간이구나. 어디 한번 혼 좀 나봐라."

　도사는 짚으로 사람 모양을 만들었습니다. 그 짚 인형에 부적을 붙이니 옹고집과 똑같은 사람이 되었어요. 생김새와 걸음걸이, 말투, 얼굴의 점 하나까지 옹고집과 완전히 똑같았어요. 가짜 옹고집은 옹당촌 옹고집의 집으로 찾아갔습니다.

가짜 옹고집은 문을 열고 하인들에게 말했어요.

"돌쇠야, 뭉치야. 또 게으름 피우고 있느냐. 어서 말에게 콩 먹이고 여물을 썰어라. 춘단이 너는 방을 쓸고."

하인들이 옹고집이 시킨 일을 막 시작하려는데 진짜 옹고집이 들어오며 말했습니다.

"어떤 손님이 오셨기에 안이 이리 소란스러우냐?"

가짜 옹고집이 나오며 진짜에게 웬 놈이 내 집에 들어와 주인인 척하냐고 따졌어요. 진짜는 가짜에게 자기 재산을 노리고 변장하고 들어온 놈이라며 하인에게 어서 가짜를 끌어내라고 했습니다. 그러나 하인들은 누가 진짜이고 누가 가짜인지 구별할 수가 없었어요. 그래서 안방마님에게 달려가 좌수님이 두 명이 되었다고 알렸습니다.

하지만 달려온 옹고집의 아내도 자기 남편을 구별해낼 수 없었고 집안 식구들 모두 자기만 아는 옹고집의 비밀을 물어봐 진짜를 가려내려 했지만 둘 다 아주 작고 오래된 비밀까지 낱낱이 말했어요. 결국 두 옹고집은 진짜를 가려내기 위해 관가로 함께 가기로 했습니다.

작품정보

『옹고집전』

성질이 고약하고 고집만 세던 옹고집이 도술로 만들어진 자신과 똑같은 가짜 옹고집 때문에 집에서 쫓겨나 고생을 한 뒤 잘못을 뉘우치는 이야기입니다. 이 부분은 도사가 만든 가짜 옹고집이 나타나자 옹고집의 식구들이 진짜와 가짜를 구분하지 못하는 장면입니다.

1. 다음 중 잘못된 표현을 사용해 뜻이 어색한 문장을 고르세요.

① 우리는 **으리으리한** 베르사유 궁전을 보고 무척 놀랐다.

② 나는 덜렁거려서 무슨 일이든 자주 **일쑤**했다.

③ 그는 거짓말을 하도 잘해서 **귀신도 속일** 정도였다.

④ 체육대회를 앞두고 청팀과 홍팀은 서로 **원수 대하듯** 했다.

2. 다음 옹고집에 대한 설명 중 틀린 것을 고르세요.

① 옹진촌 옹당골에 살고 있었어요.

② 심보가 고약하고 고집이 셌어요.

③ 외모가 똑같은 쌍둥이 동생이 있었어요.

④ 고을에서 좌수 직책을 맡고 있었어요.

3. 다음 사건들이 일어난 순서대로 ( ) 안에 번호를 써 보세요.

① 취암사의 도사가 짚으로 사람 모양 인형을 만들었어요. (   )

② 옹고집이 학대사를 매질하여 쫓아냈어요. (   )

③ 두 옹고집이 진짜를 가려내기 위해 관가로 갔어요. (   )

④ 취암사의 도사가 옹고집에게 학대사를 보냈어요. (   )

⑤ 가짜 옹고집이 옹고집의 집으로 갔어요. (   )

4. 다음은 식구들이 진짜 옹고집을 알아보지 못한 까닭입니다. 맞는 낱말을 골라 ○표 하세요.

- 도사가 그 짚 인형에 **(이름 / 부적)**을 붙이니 생김새와 걸음걸이, 말투, 얼굴의 점 하나까지 옹고집과 완전히 똑같은 **(사람 / 인형)**이 되었어요.

- 집안 식구들이 자기만 아는 옹고집의 **(약점 / 비밀)**을 물어보았지만 둘 다 아주 작고 오래된 것까지 낱낱이 말했어요.

5. 밑줄 친 곳에 알맞은 말을 넣어 이야기 내용을 간추려 보세요.

심보가 고약하고 고집이 센 _____은 _____들까지 괴롭혔습니다. 그런 옹고집을 혼내주기 위해 한 _____가 _____으로 옹고집과 똑같은 사람을 만들어 보내자 옹고집의 식구들은 혼란에 빠졌어요.

고전 속으로

11~12. 『전우치전』

『전우치전』은 조선 중기에 활동했던 전우치라는 사람을 주인공으로 한 소설이에요. 『청장관전서』, 『지봉유설』 등에 전우치는 변신도 하고 귀신도 부렸다고 전하는데요. 만약 우리가 구름을 타고 하늘을 날며 세상 구경을 하는가 하면 그림 속으로도 마음대로 드나들고, 가난한 사람에게 양식을 나누어 주고, 억울하게 죽게 된 사람을 살리기도 하는 등 상상의 날개를 활짝 펼치고 거칠 것 없이 꿈을 펼칠 수 있다면 얼마나 신이 날까요? 이 모든 것을 할 수 있는 인물 전우치의 호쾌한 이야기를 다룬 『전우치전』은 읽는 사람에게 큰 즐거움을 줍니다.

어느 날 여우에게서 구슬을 빼앗아 도술을 얻고, 하늘의 뜻이 담긴 책 '천서'까지 손에 넣어 익히게 되자 전우치는 세상의 모든 도술을 부리게 됩니다. 전우치는 자신의 도술을 백성들을 위해 쓰기로 마음을 먹지요. 그 후로 전우치는 백성들을 괴롭히고, 백성들에게서 거둬들인 세금을 떼어먹고, 나쁜 일을 일삼는 욕심이 많고 부정을 일삼는 관리들을 골탕 먹이죠.

한국고대소설 가운데 『전우치전』은 『홍길동전』과 더불어 도술을 바탕으로 한 작품들 가운데 대표작이라고 할 수 있을 만큼 많은 의의를 지닌 작품으로 인정받고 있어요. 진지한 영웅 홍길동과는 달리, 자유분방한 성격의 전우치는 도술로 부패한 관리들을 혼내줄 때도 장난기 어린 웃음과 기지를 보여 독자들에게 통쾌함을 안겨 줍니다.

전우치는 도술을 통해서 얼마든지 재물과 권세와 명예를 얻을 수도 있었지만 그렇지 않았어요. 자기의 욕심을 채우기에만 급급한 탐관오리들에 비해 남을

위해서만 기묘한 재주를 사용하는 전우치의 의로운 모습이 지금까지도 『전우치전』이 큰 사랑을 받는 이유일 것입니다.

13~14. 『흥부전』

『흥부전』은 마음씨 착한 동생 흥부와 욕심 많고 심술궂은 형 놀부의 이야기입니다. 부모님이 돌아가시자 놀부는 재산을 모두 차지하고 흥부네 가족을 쫓아냅니다. 흥부네 가족은 빈털터리로 쫓겨나 동네를 떠돌다가 언덕에 초가집을 짓고 가난하게 살아갑니다. 어느 날, 흥부는 위기에 처한 새끼 제비를 정성껏 돌봐줍니다. 이듬해 봄, 제비는 흥부에게 박씨 하나를 물어다 주지요. 그 박씨가 자라 큼지막한 박이 열립니다. 흥부가 박을 가르자 그 속에서 온갖 보물들이 쏟아집니다. 흥부가 부자가 됐다는 소식을 들은 놀부는 일부러 제비 다리를 부러뜨리고 고쳐줍니다. 제비는 이듬해 놀부에게도 박씨를 주고 가지요. 놀부네 집에도 큰 박이 열리고 신이 난 놀부는 사람들을 불러와 박을 가릅니다. 하지만 열 통이 넘는 박에서 보물은커녕 무시무시한 사람들과 냄새나는 똥만 나옵니다. 재산도 잃고 동네에서 쫓겨난 놀부네를 흥부는 집으로 데려와 자신의 재산을 나누어 줍니다. 놀부도 흥부에게 용서를 빌고 두 형제는 사이좋게 지내게 됩니다.

『흥부전』은 '착한 사람은 복을 받고 나쁜 사람은 벌을 받는다.'는 이야기 가운데 가장 널리 알려진 이야기입니다. '심술궂은 형과 착한 동생', '은혜 갚은 동물', '재물이 한없이 쏟아지는 물건', 이 세 가지 뼈대로 이루어져 이야깃거리가 넉넉하고 재미있습니다. 흥부는 놀부가 내쫓을 때도, 놀부 집에 찾아가 매를 맞고 돌아올 때나, 형을 조금도 나쁘다고 하지 않습니다. 또한 착한 마음과 행동으로 제비 다리를 고쳐주어 끝내 복을 받고 큰 부자가 되지요. 이는 형제 사이 우애뿐만 아니라 제비 같은 뭇 생명체에 대한 우애까지 다룬 것입니다. 이렇듯 『흥부전』은 한없이 착하고 순박한 흥부와 욕심 많고 심술궂은 놀부라는 서로 맞서는 인물을 내세워 '인과응보'와 '권선징악'을 말해줍니다.

15. 『옹고집전』

우리 고전 소설 중에 우리 삶 속에서 진짜와 가짜가 어떤 의미로 자리매김하는지 잘 보여주는 작품이 『옹고집전』입니다. 곡식과 재물이 넘쳐나지만 옹고집은 가족에게도 이웃에게도 인색하기만 합니다. 늙고 병든 어머니를 구박하고 길 가던 나그네를 쫓아내거나 구걸하는 아이들의 쪽박을 깨고, 시주하러 온 스님은 매질해 내쫓는 등 옹고집의 패악은 끝이 없습니다.

심술 사납고 인색한 옹고집의 나쁜 성품을 고치기 위해 도사는 가짜 옹고집을 만들어 진짜 옹고집 행세를 시킵니다. 진짜 옹고집과 가짜 옹고집은 서로 자기가 진짜라고 주장하다가 결국 원님에게 판결을 맡깁니다. 진짜 옹고집은 원님 앞에서 자신의 사대조 조상 이름조차 제대로 말하지 못하고 재산도 제대로 말하지 못하지만, 가짜 옹고집은 모든 것을 세세히 읊게 되지요. 결국 진짜 옹고집은 가짜로 몰려 마을에서 쫓겨나고 하루아침에 거지 신세가 됩니다. 아무리 뉘우쳐도 이제는 소용없는 일, 좌절하여 생을 버리려는 순간에 이르러서야 옹

고집은 용서를 받고 집으로 돌아가게 됩니다.

『옹고집전』은 단순히 가짜와 진짜를 변별하는 과정에서 일어날 법한 우스개 이야기를 다룬 작품이 아닙니다. 가짜와 진짜를 구분하는 기준이 무엇이며, 가짜가 진짜로 판명되는 현실이 어떠한지 간접 체험을 하게 해 줄뿐더러, 변화하는 옹고집의 모습을 통해 내면의 성숙과 삶에서 중요한 것이 무엇인지 깨닫게 해 주기 때문입니다.

짧은 글 쓰기 연습 3

낱말과 사자성어의 뜻과 쓰임을 익히고 그 낱말과 사자성어를 사용해 문장을 만들어 보세요.

1. 아래 가로 열쇠, 세로 열쇠의 풀이말을 보고 퍼즐 빈칸에 알맞은 낱말을 〈보기〉에서 찾아 써 보세요.

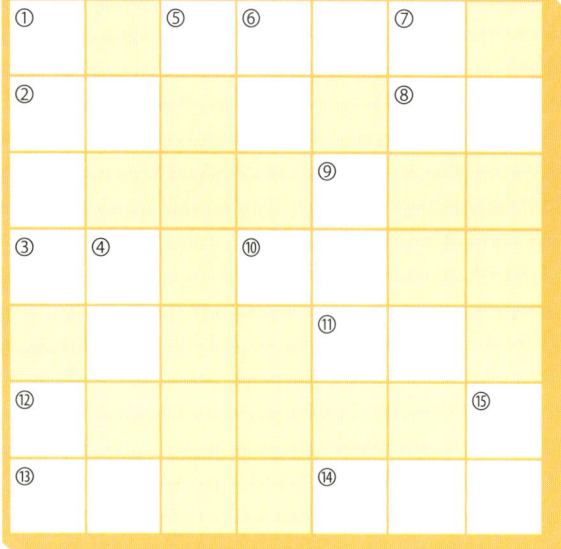

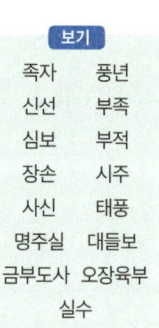

보기
족자 풍년
신선 부족
심보 부적
장손 시주
사신 태풍
명주실 대들보
금부도사 오장육부
실수

🗝 가로 열쇠
② 재앙을 막고 악귀를 쫓기 위해 쓰는 붉은 글씨나 무늬가 그려진 종이
③ 예전에 나라의 명을 받고 외국에 파견되던 신하
⑤ 오장과 육부, 곧 내장을 통틀어 이르는 말
⑧ 그림이나 글씨 따위를 표구하여, 벽 등에 걸거나 두루마리처럼 말아 둘 수 있게 만든 물건
⑩ 승려에게 혹은 절에 돈이나 음식 따위를 보시하는 일
⑪ 부주의로 잘못을 저지름
⑬ 농사가 잘되어 수확이 많은 해
⑭ 집을 받치는 가장 큰 들보

🔑 세로 열쇠
① 조선 시대, 의금부에 속해 관리를 감시하며 그 잘못을 들어 꾸짖는 일을 맡아보던 벼슬아치
④ 중국의 신선 사상과 도교에서 이상으로 여기는 인간
⑥ 한집안에서 맏이인 손자
⑦ 넉넉하지 못함
⑨ 누에고치에서 뽑은 실
⑫ 북태평양 남서부에서 발생하여 아시아 대륙 동부로 불어오는 맹렬한 열대성 저기압
⑮ 마음을 쓰는 속 바탕

· 위의 낱말 중 세 개를 골라 하나씩 쓰고, 그 낱말을 넣어 각각 짧은 글을 지어 보세요.
예) 족자: 할아버지는 직접 쓰신 붓글씨를 **족자**로 만들어 걸어놓으셨다.

:

:

:

2. 다음 낱말에 쓰인 한자에 대해 알아봅시다.

術	재주 **술**	뜻: ①꾀, ②재주, ③길, 수단

• 술(術)은 '어느 분야에 대한 기술, 재주'라는 뜻으로 많이 쓰여요.

보기

기술   도술   술수   미술   학술   마술

• 다음 낱말 뜻을 보고 빈칸에 알맞은 낱말을 위의 〈보기〉에서 찾아 쓰세요.

① ☐☐ : 어떤 목적을 달성하기 위해 일을 꾸미는 교묘한 생각이나 방법

② ☐☐ : 어떤 원리나 지식을 자연적 대상에 적용하여 인간 생활에 유용하도록 만드는 구체적이고 실제적인 수단

③ ☐☐ : 학문과 관계되는 기술이나 방법, 또는 그 이론

④ ☐☐ : 여러 가지 도구나 손재주로 사람의 눈을 속여 신기하고 이상한 일을 하여 보이는 재주

⑤ ☐☐ : 도를 닦아 여러 가지 조화를 부리는 요술이나 술법

⑥ ☐☐ : 아름다움을 시각적, 조형적으로 표현하는 예술. 그림, 조각, 공예, 디자인 등

3. 다음 사자성어의 뜻을 알아봅시다.

화중지병 [畵中之餠]

'그림 속의 떡'이라는 뜻입니다. 맛있어 보여 먹고 싶어도 그림 속의 떡을 먹을 수 없는 것처럼 아무리 마음에 들어도 이용할 수 없거나 차지할 수 없는 것을 비유적으로 이르는 말입니다.

예) 전교 1등은 지금 내 실력으로는 **화중지병(그림의 떡)**이야.

· **위 사자성어를 넣어 짧은 글을 써 봅시다.**

_____

_____

_____

글쓰기 연습 3

광고문

광고문은 사람들에게 상품이나 서비스에 대해 알리면서 그 상품이나 서비스를 이용하도록 설득하는 글이에요. 광고문에는 상업 광고, 기업 광고, 공익 광고가 있습니다. 광고문은 정확한 정보를 담아 과장하지 않고 독창적으로 쓰는 것이 중요해요.

광고문은 어떻게 쓸까요?

1. 표제
읽는 사람의 관심을 끌기 위해 간결하고 명확하게 씁니다.

2. 본문
알리고 싶은 정보를 구체적으로 씁니다. 상업 광고의 경우 상품 소개, 상품의 좋은 점, 상품 사용을 권하고 싶은 사람 등을 써요.
① 상품 소개: 자신이 광고하려는 상품이 무엇인지 씁니다.
② 상품의 좋은 점: 그 상품을 사용하면 좋은 점과 가격 등을 씁니다.
③ 사용을 권하고 싶은 사람: 그 상품이 어떤 사람에게 꼭 필요할지 씁니다.

● 다음은 전우치가 그림 족자를 팔려고 쓴 광고문이에요. 이 글을 참고해 광고문 쓰는 방법을 익혀 보세요.

표제	**세상에 하나뿐인 그림 족자를 팝니다!**
상품 소개	이 족자에는 멋진 집 그림이 그려 있습니다. 누구나 살고 싶은 아름다운 집 그림으로 밋밋하고 허전한 방을 특별하게 꾸며 보세요.
상품의 좋은 점	하지만 이 족자는 평범한 장식품이 아닙니다. 놀랍게도 돈이 필요할 때 은자를 내어 주는 족자입니다. 믿을 수 없겠지만 날마다 그림 속에서 사람이 나와 돈을 준답니다. 세상에 단 하나뿐인 족자입니다.
권하고 싶은 사람.	집안 형편이 어려워져 급히 돈이 필요한 분들에게 꼭 필요한 족자입니다. 부모님을 위하는 효심이 지극한 분께만 팔겠습니다.
주의할 점	※주의할 점: 하루에 한 냥씩 달라고 해야 합니다. 욕심을 부려 돈을 더 달라고 하면 큰 낭패를 보게 됩니다.

글쓰기 연습 3

광고문 쓰기

광고문을 써 봅시다. 먼저 내 물건 중에서 벼룩시장이나 중고물품거래 사이트에 내놓아 팔 수 있는 것을 고르세요. 그 물건의 좋은 점, 적당한 가격, 그 물건이 필요한 사람 등을 생각해 아래 빈칸에 간단히 적어본 후 글로 옮겨 써 보세요.

1. 표제:

2. 본문:

팔 물건 소개	
그 물건의 좋은 점	
원하는 가격	
그 물건을 사면 좋을 사람	

● 위에 적어둔 내용을 글로 완성해 보세요.

표제 _____

팔 물건 소개 _____

_____

_____

_____

그 물건의
좋은 점,
원하는 가격 _____

_____

_____

그 물건을 사면
좋을 사람 _____

_____

_____

_____

글쓰기 연습

Week 4

박씨부인전 1
박씨부인전 2
사씨남정기 1
사씨남정기 2
홍계월전

16 박씨부인전 1
이시백의 혼인

　조선 인조 때 이득춘이라는 재상이 있었습니다. 그는 문장과 지혜가 뛰어났으며 임금에게 충성하고 백성들의 일을 공정하게 처리해 백성들의 칭송을 받았어요.
　이득춘에게는 시백이라는 아들이 있었습니다. 시백도 글공부를 열심히 해 무엇을 물어보든 막히는 것이 없었어요. 사람들은 시백이 장차 큰 인물이 될 거라고 했어요.
　어느 날 이득춘의 집으로 예사롭지 않은 손님이 찾아왔습니다. 옷은 초라하게 입었지만 눈빛과 행동이 비범한 그 손님이 이득춘에게 말했어요.
　"저는 금강산에 사는 박 처사입니다. 공의 인품이 훌륭하다는 소문을 듣고 한번 뵙고 싶어서 왔습니다."
　이득춘은 신선 같아 보이는 박 처사의 말과 몸가짐을 보고 반가이 맞아들여 며칠 동안 극진히 대접했습니다. 두 사람이 바둑과 퉁소를 즐기며 며칠을 보내던 어느 날, 박 처사가 말했어요.
　"아드님이 훌륭하다 들었습니다. 잠깐 볼 수 있겠습니까?"
　이득춘이 시백을 불러 박 처사에게 인사시키자 박 처사는 귀하게 될 얼굴이라며 감탄했어요. 그러더니 사실 자신은 사윗감을 구하기 위해 온 거라고 했어요. 나이 열여섯이 된 딸이 있는데 재주와 덕이 남 못지않으니 시백과 혼인시키고 싶다고 했습니다. 이득춘은 박 처사의 비범한 인품을 믿어 그 딸도 훌륭한 인물일 거라 생각해 혼인을 허락했어요. 박 처사는 기뻐하며 혼인 날짜를 정해주고는 그날 금강산으로 혼례를 치르러 오라고 말하고 집으로 돌아갔습니다.

혼례 날이 가까워지자 이득춘은 하인들과 함께 이시백을 데리고 금강산으로 출발했습니다. 혼례 날이 되자 박 처사가 이득춘 일행을 마중 나왔고, 그를 따라가니 깊고 깊은 산속에 초가집 한 채가 나왔어요.

박 처사의 집에 도착하자마자 간단한 혼례를 치렀습니다. 새 옷으로 갈아입은 이득춘과 시백이 안방에서 기다리고 있을 때 얼굴을 가린 신부가 들어왔어요. 신랑과 신부는 서로 맞절을 하고 술 한 잔을 나누어 마셨어요. 그것으로 예식이 끝났습니다. 박 처사는 이득춘과 그를 따라온 하인들에게 나물 반찬과 술을 대접했어요. 그 술을 한 잔씩 마시고는 모두들 곤히 잠들었습니다.

다음 날 아침이 되자 박 처사는 이득춘에게 이제 딸을 데리고 집으로 가라고 했습니다. 이득춘이 며느리를 데리고 집으로 돌아가던 첫날, 날이 저물어 주막에서 자고 가게 되었어요. 이득춘과 신랑 이시백은 이때 처음 신부의 얼굴을 보았어요. 신부는 차마 눈뜨고 볼 수 없을 만큼 못생긴 얼굴을 하고 있었어요. 이득춘은 놀라긴 했으나 며느리 얼굴이 복 있는 얼굴이라고 말했어요. 시백은 너무 놀라고 실망했지만 아무 말도 못했습니다.

작품정보

『박씨부인전』

이시백과 결혼한 박씨 부인이 병자호란 때 전쟁에서 큰 활약을 해 나라를 위기에서 구한다는 이야기입니다. 이 부분은 이시백이 박 처사의 딸과 혼인했으나 너무 못생긴 부인을 보고 실망하는 장면입니다.

1. 본문에 사용된 다음 낱말 중 뜻이 틀린 것을 고르세요.

① 재상: 임금을 돕고 모든 관원을 지휘하고 감독하는 일을 맡아보던 이 품 이상의 벼슬

② 칭송: 나쁜 꾀로 남을 어려운 처지에 빠지게 함

③ 처사: 벼슬을 하지 않고 초야에 묻혀 사는 선비

④ 공: '당신', '그대'의 뜻으로, 듣는 이가 남자일 때, 그 사람을 높여 이르던 말

2. 다음 중 등장인물에 대한 설명으로 틀린 것을 고르세요.

① 이득춘: 이시백의 아버지로 문장과 지혜가 뛰어난 재상이었어요.

② 박 처사: 금강산에 살며, 눈빛과 행동이 마치 신선 같았어요.

③ 이시백: 이득춘의 아들로 글공부를 열심히 해 지식이 많았어요.

④ 딸(신부): 박 처사의 딸로 얼굴은 예뻤지만 말을 할 수 없었어요.

3. 다음은 이득춘이 혼인을 허락한 까닭입니다. 빈칸에 알맞은 낱말을 써보세요.

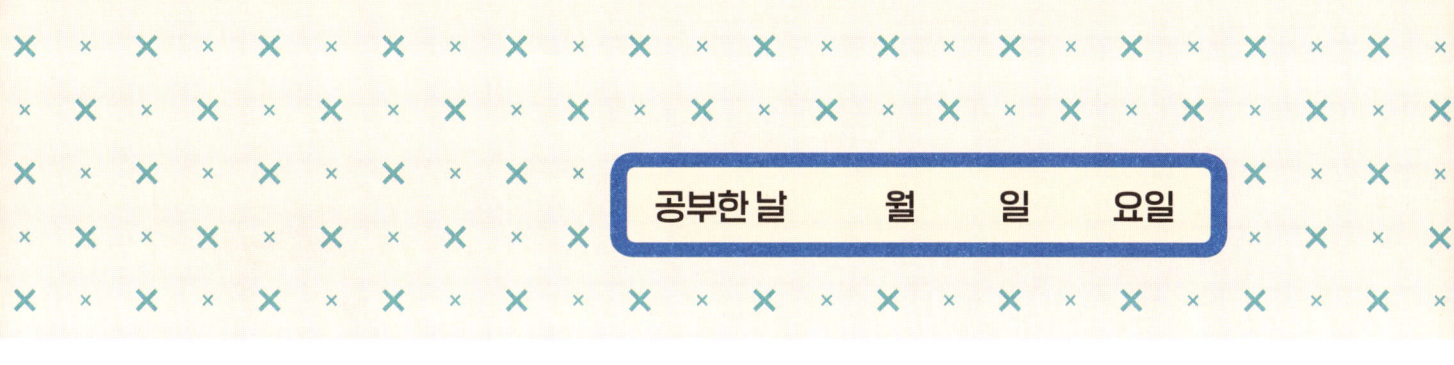

박 처사는 나이 ☐☐☐이 된 딸이 있는데 재주와 ☐이 남 못지않으니 시백과 혼인시키고 싶다고 했습니다. 이득춘은 박 처사의 비범한 ☐☐을 믿어 그 딸도 훌륭한 인물일 거라 생각해 혼인을 허락했어요.

4. 다음 중 이 글의 내용으로 맞는 것을 고르세요.

① 이득춘은 아들 이시백에게 박 처사의 딸과 혼인하겠냐고 물어보았어요.

② 이시백은 금강산으로 가 박 처사의 딸을 만나본 뒤 혼인을 결심했어요.

③ 박 처사는 자기 집에 성대한 혼례를 준비해 놓았어요.

④ 이시백은 너무 못생긴 신부의 얼굴을 보고 놀라고 실망했어요.

5. 밑줄 친 곳에 알맞은 말을 넣어 이야기 내용을 간추려 보세요.

조선 인조 때 훌륭한 재상 _____에게는 글공부를 잘하는 아들 _____이 있었습니다. 이시백은 금강산에 사는 비범한 인물 _____의 딸과 혼인했는데 _____가 끝난 뒤에야 신부의 얼굴이 눈 뜨고 볼 수 없을 정도로 못생겼다는 것을 알았어요.

17 박씨부인전 2
박씨 부인의 신통력

　청나라 황제가 조선을 차지하려고 기회를 노리고 있을 때였습니다. 피화당에서 하늘의 기운의 살피던 박씨 부인은 몹시 놀라 남편인 우의정 이시백을 찾아가 말했어요.

　"며칠 후에 낯선 여인이 찾아올 것이니 그 여자를 반드시 제가 있는 피화당으로 보내십시오."

　그리고 몸종 계화에게는 독한 술과 순한 술을 반반씩 빚어 두었다가 며칠 후 여자 손님이 오면 자신에게는 순한 술을, 여자 손님에게는 독한 술을 주어야 한다고 단단히 일러두었어요.

　사흘 뒤 시백이 혼자 사랑에 있을 때 갑자기 아름다운 여인이 나타나 절을 했습니다.

　"저는 시골 기생이온데, 서울 구경을 왔다가 돈이 다 떨어져 신세 좀 지러 왔습니다."

　시백은 아름다움에 반해 여인을 들어오게 했습니다. 여인과 이야기해 보니 그녀는 아름다울 뿐 아니라 말솜씨도 뛰어나서 시백은 시간 가는 줄 몰랐어요. 그러다 문득 며칠 전 박씨 부인이 당부했던 말이 생각나서 큰 소리로 계화를 불렀어요.

　"이 여인을 피화당으로 안내해 편히 쉬게 하여라."

　여인은 하는 수 없이 계화를 따라 피화당으로 갔어요. 피화당에 있던 박씨 부인이 여인을 찬찬히 보고 말했습니다.

"보아 하니 미천한 사람은 아니구나. 고생스레 우리 집까지 왔는데 부질없는 일이었네."

박씨 부인은 계화에게 술과 안주를 들여오라고 했어요. 계화는 박씨 부인이 일러두었던 대로 갖가지 귀한 안주에 순한 술과 독한 술을 따로 준비해 내놓았습니다. 두 사람은 많은 술을 마시고 시와 문장을 나누다 잠자리에 들었어요.

그런데 잠든 줄 알았던 여인이 갑자기 눈을 뜨더니 그 눈이 불덩어리가 되어 솟아올랐습니다. 그 불덩어리가 박씨 부인의 얼굴을 향해 쏟아져 내렸으나, 깨어 있던 박씨 부인이 입바람을 불자 순식간에 꺼졌습니다.

그러자 이번에는 여인의 짐 속에서 칼이 튀어나와 날아다니며 박씨 부인을 찌르려 했어요. 그러나 박씨 부인이 재를 뿌리자 방바닥으로 툭 떨어졌습니다. 박씨 부인은 그 칼을 들고 여인의 몸을 타고 앉아 소리쳤어요.

"기홍대야! 나를 봐라. 우리 조선은 너희 나라에 많은 것을 베풀었는데 너희 왕은 도리어 우리나라를 빼앗으려 하는구나. 너 같은 요망한 것을 보내 나를 시험하려 하다니 이 칼로 너를 먼저 베겠다."

기홍대는 청나라 황제가 보낸 자객이었어요. 박씨 부인은 기홍대를 호되게 꾸짖어 돌려보냈습니다. 시백이 이 사실을 임금님께 알리자, 임금님은 박씨 부인을 크게 칭찬하며 명월 부인이라는 이름을 내렸습니다.

작품정보

『박씨부인전』

이시백과 결혼한 박씨 부인이 병자호란 때 전쟁에서 큰 활약을 해 나라를 위기에서 구한다는 이야기입니다. 이 부분은 박씨 부인이 신통력으로 청나라에서 보낸 자객을 혼내주어 자신과 남편의 목숨을 구하는 장면입니다.

1. 다음 빈칸에 알맞은 낱말을 〈보기〉에서 찾아 쓰세요.

> **보기**
> 요망한   자객   미천한   사랑

① 어머니는 안채에 계셨고, 아버지와 삼촌은 _____에서 이야기를 나누셨다.

② 홍길동의 어머니는 신분이 _____ 노비 출신이었다.

③ 사기꾼은 _____ 말로 김 부자를 속이려 했다.

④ 명성황후는 일본인 _____에 의해 목숨을 잃었다.

2. 다음 중 이 글의 내용과 다른 것을 고르세요.

① 조선은 청나라를 차지할 기회를 노리고 있었어요.

② 이시백은 우의정이라는 벼슬을 하고 있었어요.

③ 박씨 부인은 하늘의 기운을 살펴 앞일을 알 수 있었어요.

④ 계화는 박씨 부인의 심부름을 하는 몸종이었어요.

3. 낯선 여인이 찾아오자 이시백은 어떻게 했나요? 빈칸에 알맞은 낱말을 써 보세요.

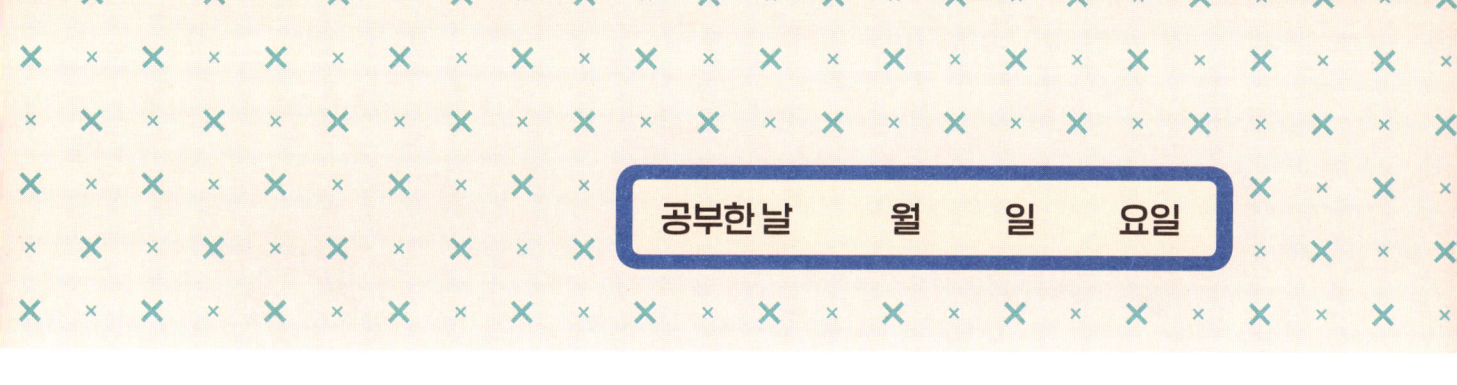

이시백은 여인의 □□□□과 말솜씨에 반해서 시간 가는 줄 모르고 이야기를 나누었어요. 그러다 박씨 부인의 당부가 생각나 여인을 □□□으로 보냈습니다.

4. 낯선 여인(기홍대)에 대한 설명으로 옳은 것을 고르세요.

① 서울 구경을 왔던 시골 기생이에요.

② 독한 술을 많이 마시고 깊은 잠에 빠졌어요.

③ 청나라 황제가 보낸 자객이었어요.

④ 박씨 부인의 손에 죽음을 맞이했어요.

5. 밑줄 친 곳에 알맞은 말을 넣어 이야기 내용을 간추려 보세요.

박씨 부인은 하늘의 기운을 살펴 _____ 황제가 자신의 집에 여자 _____을 보낼 것을 알았습니다. 손님으로 위장한 자객 _____가 박씨 부인을 해치려 했으나 오히려 혼쭐이 나고, _____은 임금에게 칭찬을 받았어요.

18 사씨남정기 1
유연수와 사정옥의 혼인

　중국 명나라 때 북경 순천이라는 곳에 유현이라는 사람이 살았어요. 여러 관직을 거쳐 이부 시랑까지 올랐다가 벼슬에서 물러나 태자를 가르치는 일만 하고 있었습니다. 유현에게는 연수라는 아들이 있었는데 글재주가 뛰어나고 인품도 아주 훌륭했습니다. 유연수가 과거에 급제하자 청혼하는 사람들이 줄을 섰어요. 유현은 아들의 혼사를 의논하기 위해 누나인 두 부인과 함께 중매쟁이를 불렀습니다.
　"부귀를 원하신다면 엄 승상의 손녀딸이, 슬기롭고 어진 며느리를 원하신다면 사 급사의 딸이 좋을 것입니다."
　유현은 어진 며느리를 원한다면서 사 급사가 살아있을 때 마음이 곧은 선비였으니 그 딸이 괜찮을 것 같다고 했어요. 말이 없던 두 부인은 중매쟁이가 돌아간 뒤 유현에게 제안했어요.
　"사 급사 딸의 사람됨을 알기 위해 글과 글씨를 보는 게 좋겠구나. 마침 절에 바치려고 구해놓은 그림이 있는데, 그 그림에 어울리는 글을 지어 달라고 하면 어떨까? 그러면 그 아가씨의 얼굴도 직접 볼 수 있으니 말이다."
　유현이 동의하자 두 부인은 묘혜 스님에게 이 일을 맡겼습니다. 묘혜 스님은 사 급사의 집을 찾아가 자신을 반갑게 맞이하는 사 급사의 부인에게 말했어요.
　"어느 댁에서 귀한 그림을 시주하셨는데, 그림만 있고 글이 없습니다.

따님께서 글을 지어 써 주신다면 우리 절의 귀한 보물이 될 것입니다."

사 부인이 딸을 불러 묘혜 스님의 뜻을 전했어요. 묘혜 스님이 그 딸의 모습을 보니 참으로 아름답고 자비로운 자태를 갖고 있었어요. 딸은 묘혜 스님의 간곡한 부탁을 받고 정성스레 글을 쓰고는 맨 끝에 '사정옥'이라는 자신의 이름을 썼습니다.

묘혜 스님으로부터 사정옥의 아름다운 외모와 태도를 전해들은 유현과 두 부인은 몹시 기뻤습니다. 사정옥이 쓴 글을 보니 글과 글씨 속에 온화한 성품이 느껴져서 중매쟁이를 불러 사 급사 댁과의 혼사를 부탁했어요.

중매쟁이는 사 급사 댁을 찾아가 유현의 청혼을 전하며 그 가문이 얼마나 대단한지 소개했습니다. 게다가 신랑감도 높은 벼슬을 받을 만한 재주가 있다고 칭찬했어요. 그 말을 들은 사 부인은 기뻐했지만 사정옥은 재산이 많고 지위가 높은 것을 자랑하는 집안과는 혼인하지 않겠다고 했습니다.

청혼을 거절당한 유현은 중매쟁이가 말실수를 했다는 것을 알고 고을 현감을 찾아가 부탁했어요. 돌아가신 사 급사의 곧은 성품을 존경하여 청혼하는 것이라고 전해 달라 했습니다. 현감이 사 급사 댁에 그 말을 전하자 이번에는 흔쾌히 허락하여 유연수와 사정옥은 혼례를 올리게 되었어요.

작품 정보

『사씨남정기』

조선시대 김만중이 쓴 한글소설로 유연수의 어진 아내 사씨가 억울한 누명을 쓰고 남쪽으로 떠났다가 교활한 교씨의 행실이 밝혀져 원래 자리로 돌아오는 이야기입니다. 이 부분은 유연수의 아버지와 고모가 어질고 성품이 곧은 사정옥을 며느리로 맞아들이는 장면입니다.

1. 다음 풀이에 알맞은 낱말을 〈보기〉에서 찾아 빈칸에 쓰세요.

> **보기**
>
> 중매   현감   혼사   태자   간곡

① ☐☐ : 예전에 왕의 자리를 이을, 왕의 아들을 이르던 말

② ☐☐쟁이: 결혼이 이루어지도록 중간에서 소개하는 사람

③ ☐☐하다: 간절하고 정성스럽다.

④ ☐☐ : 혼인에 관한 일

⑤ ☐☐ : (조선시대 등 예전에)작은 현의 우두머리

2. 다음 각 인물에 맞는 설명을 찾아 줄로 이어 주세요.

① 유현 ・　　　　・ ㉠ 글재주가 뛰어나 얼마 전 과거에 급제했어요.

② 유연수 ・　　　　・ ㉡ 유연수의 아버지로 며느릿감을 찾고 있었어요.

③ 사정옥 ・　　　　・ ㉢ 유현의 누나로 조카를 사정옥과 혼인시키고
　　　　　　　　　　　싶어 했어요.

④ 두 부인 ・　　　　・ ㉣ 돌아가신 사 급사의 딸로 온화한 성품을 가졌어요.

3. 유현이 중매쟁이가 추천한 두 사람 중 사 급사의 딸을 며느리로 원한 까닭을 고르세요.

① 슬기롭고 어진 며느리를 원했기 때문

② 엄승상의 손녀보다 얼굴이 더 예뻤기 때문

③ 아들이 사 급사의 딸을 좋아했기 때문

④ 유현이 사 급사와 친했기 때문

4. 중매쟁이가 사 급사 댁에 가서 청혼을 전하며 한 말이 아닌 것을 고르세요.

① "신랑 댁은 아주 큰 부자랍니다."

② "신랑의 아버지는 아주 높은 벼슬을 하셨답니다."

③ "사 급사의 곧은 성품을 존경하여 청혼하는 것이랍니다."

④ "신랑이 아주 높은 벼슬을 할 만한 재주를 가졌답니다."

5. 밑줄 친 곳에 알맞은 말을 넣어 이야기 내용을 간추려 보세요.

_____은 아들 _____가 과거에 급제하자 슬기롭고 어진 _____을 며느릿감으로 고르고 사 급사의 집에 청혼했습니다. 자기 아버지 사 급사의 _____ 성품을 존경한다는 유현의 말을 들은 사정옥의 승낙으로 두 사람은 혼인하게 되었어요.

19 사씨남정기 2
아들을 낳은 교씨

유연수와 사씨 부인이 혼인한 지 십 년이 지났습니다. 유연수는 한림 벼슬을 오래 해 사람들이 모두 유 한림이라 불렀어요. 사씨는 시아버지와 남편을 공경하고, 아랫사람을 따뜻하게 대해 집안이 늘 평화로웠습니다.

그런데 자식이 없는 것이 큰 걱정이었던 사씨는 고민 끝에 유 한림에게 첩을 들여 자식을 얻으라고 권했어요. 유 한림은 안 된다고 했지만 사씨는 중매쟁이에게 적당한 사람을 알아봐 달라고 했어요. 이 사실을 알게 된 두 부인이 사씨를 찾아왔습니다.

"이보게, 첩을 들이는 것은 스스로 화를 부르는 일이네. 어찌하여 이런 일을 벌이는가?"

"혼인한 지 십 년이 넘도록 유씨 집안의 대를 잇지 못하고 있습니다. 이는 버림받아 마땅한 죄이니 첩을 두어 자식을 보는 것은 흠이 되지 않을 것입니다."

두 부인은 사씨가 걱정되었지만 그 뜻을 꺾을 수 없었습니다.

얼마 후 중매쟁이가 사씨를 찾아와 한 여인에 대해 이야기했습니다.

"하간 지방의 처녀가 하나 있사온데, 나이는 열여섯에 성은 교 씨요, 이름은 채란이라 하옵니다. 본래 양반 가문의 딸이었으나 부모를 잃고 친척집에 얹혀살고 있답니다. 가난한 선비의 아내가 되기보다는 부잣집 첩이 되고 싶다고 한답니다. 헌데 미모가 너무 뛰어나고 꾀가 많다 하니 부인 마음에는 들지 않을 것입니다."

사씨는 양반 가문의 딸이라면 큰 문제가 없을 것이라 여겨 교씨를 첩으로 맞아들이게 했어요. 모두들 교씨가 아름답다며 칭찬했으나 두 부인만은 그 미모 때문에 유씨 가문에 안 좋은 일이 생길 거라는 느낌이 들었습니다. 교씨는 영리하고 말을 잘해 한림의 마음에 들게 행동했어요.

얼마 지나지 않아 교씨가 아기를 가졌어요. 유 한림과 사씨는 크게 기뻐하며 교씨를 정성껏 보살폈어요. 그러나 정작 아기를 가진 교씨는 기쁨보다는 불안한 마음이 컸습니다. 배 속의 아기가 아들이 아니면 어쩌나 하는 생각 때문이었어요. 날마다 불안해하는 교씨를 지켜보던 여종 남매가 세상 모든 일을 다 안다는 십랑이라는 여자를 데려왔어요. 십랑이 교씨의 맥을 짚더니 안타깝게 말했습니다.

"배 속의 아이는 딸이옵니다."

"내가 이 집에 들어온 것은 대를 이을 아들을 낳기 위해서인데 어찌하면 좋단 말인가."

실망한 교씨에게 십랑이 조심스레 말했어요.

"제가 배 속의 딸을 아들로 바꾸는 술법을 알고 있습니다."

교씨는 성공하면 십랑에게 큰 상을 내리기로 약속하고 아들 낳는 부적을 여러 장 받아 이부자리 밑에 숨겼어요. 십랑의 비법이 통했는지 교씨는 열 달 후에 아들을 낳았습니다.

작품정보

『사씨남정기』

조선시대 김만중이 쓴 한글소설로 유연수의 어진 아내 사씨가 억울한 누명을 쓰고 남쪽으로 떠났다가 교활한 교씨의 행실이 밝혀져 원래 자리로 돌아오는 이야기입니다. 이 부분은 유 한림의 첩으로 들어온 교씨가 술법을 써서 아들을 낳는 장면입니다.

1. 다음 낱말들의 뜻을 찾아 줄로 이어 주세요.

① 첩 ・   ・㉠ 심장 박동에 의해 생기는 동맥벽의 주기적인 진동

② 대 ・   ・㉡ 음양이나 점치는 일 따위에 관한 이치나 그 기술

③ 맥 ・   ・㉢ 정식 아내 외에 함께 데리고 사는 여자

④ 술법・   ・㉣ 이어 내려오는 집안의 계통

2. 다음 빈칸에 알맞은 낱말을 써 보세요.

> 사씨가 시아버지와 남편을 공경하고, 아랫사람을 따뜻하게 대해 집안이 늘 ☐☐로웠습니다. 그런데 사씨는 ☐☐한 지 십 년이 지나도록 ☐☐이 없는 것이 큰 걱정이었어요.

3. 이야기의 내용으로 맞는 것에는 O표, 틀린 것에는 X표 하세요.

① 사씨는 남편 유 한림에게 첩을 들여 자식을 얻으라고 했어요. (   )

② 중매쟁이는 사씨에게 교채란이라는 처녀를 소개했어요. (   )

③ 두 부인은 아름다운 교채란이 무척 마음에 들었어요. (   )

④ 십랑이 교씨의 맥을 짚어보니 배 속의 아이는 아들이었어요. (   )

4. 본문 내용과 비교하여 밑줄 친 낱말을 바르게 고쳐 써 보세요.

교씨는 성공하면 <u>남매</u>에게 큰 상을 내리기로 약속하고 <u>자식</u> 낳는 부적을 여러 장 받아 이부자리 밑에 숨겼어요.

5. 밑줄 친 곳에 알맞은 말을 넣어 이야기 내용을 간추려 보세요.

유 한림과 혼인한 지 십 년이 넘도록 자식이 없자 _____는 교채란이라는 아가씨를 유 한림의 _____으로 들였습니다. 얼마 후 _____는 아기를 가졌는데, 딸이라는 말을 듣고 _____을 써 결국 아들을 낳았어요.

20 홍계월전
남자 평국에서 여자 계월로

중국 명나라 때의 이야기입니다. 황제는 반란을 진압하고 돌아온 평국과 보국에게 별궁을 지어 주었어요. 평국과 보국은 황제의 은혜에 감사하며 같은 궁 안, 각자의 처소에서 지냈어요.

그런데 얼마 후 평국이 앓아눕게 되었습니다. 황제는 평국이 오랫동안 반란을 진압하느라 몸이 약해진 것이라 생각해 그에게 어의를 보냈어요. 어의는 평국에게 가서 진맥을 하고 몸 상태를 살폈어요. 큰 병이 아니어서 알맞은 약을 처방해주고는 황제에게 보고했습니다.

"우승상은 몸이 허약해진 것뿐, 다행히 큰 병이 아니옵니다. 그런데……아뢰옵기 송구하오나…….."

어의가 말을 잇지 못하자 황제가 물었습니다.

"큰 병이 아닌데, 무엇이 송구하단 말이냐?"

"그것이……, 우승상의 맥을 짚어보니 남자의 맥이 아니었습니다."

"무슨 뜻인가? 평국이 여자란 말인가?"

어의는 틀림없이 여자의 맥이었다고 조심스레 말했어요.

"평국이 여자라면 싸움터에서 어찌 그리 포악한 반란군들을 다 물리쳤단 말인가. 그러고 보니 평국이 복숭아꽃처럼 화사한 얼굴에 남보다 작은 몸집을 하고 있으니 그럴 수도 있겠구나. 확실한 사실을 알 때까지 이 일을 아무에게도 말하지 말라."

한편, 평국은 건강은 회복했지만 마음이 불안했어요. 어의가 맥을 짚고 갔으니 자신이 여자라는 사실을 황제를 비롯한 모든 사람들에게 알릴 것 같았어요. 평국은 입고 있던 남자 옷을 벗고 여자 옷으로 갈아입었어요. 이제 계월로 돌아온 것입니다. 그리고는 마음을 가라앉히고 황제에게 상소문을 써서 올렸어요.

황제 폐하, 소신 우승상 평국이옵니다. 소신은 다섯 살, 장사랑의 난 때 강물에 버려졌습니다. 여공께서 소신을 구해내 지금까지 자신의 친아들 보국과 함께 키워주셨습니다. 버려질 때 남자 옷을 입고 있어서 여공도 저를 남자아이로 키우셨습니다. 소신은 여자라는 것을 밝히면 집안에만 있게 되니 부모님을 찾을 수 없을 거라 생각해 지금까지 남자인 척하며 살아왔습니다. 모두를 속여 과거를 치르고 황제 폐하께 벼슬까지 받았으니 소신의 죄가 너무나도 큽니다. 소신에게 벌을 내려 주시옵소서.

계월이 올린 상소를 받아본 황제는 놀랐지만 반란군을 토벌하여 나라를 위기에서 구한 공이 크니 여자라는 이유로 벌할 수 없다고 했습니다. 계월에게 내린 벼슬도 그대로 둘 테니 앞으로도 힘껏 황제를 도우라고 했어요.

작품정보

『홍계월전』

중국 명나라 때 홍계월이 어린 시절의 고난을 이겨내고 여장군이 되어 여러 차례 위기에서 나라를 구하는 이야기입니다. 이 부분은 홍계월이 여자임을 고백했으나 황제는 그의 공을 높이 평가해 그를 벌하지 않는 장면이에요.

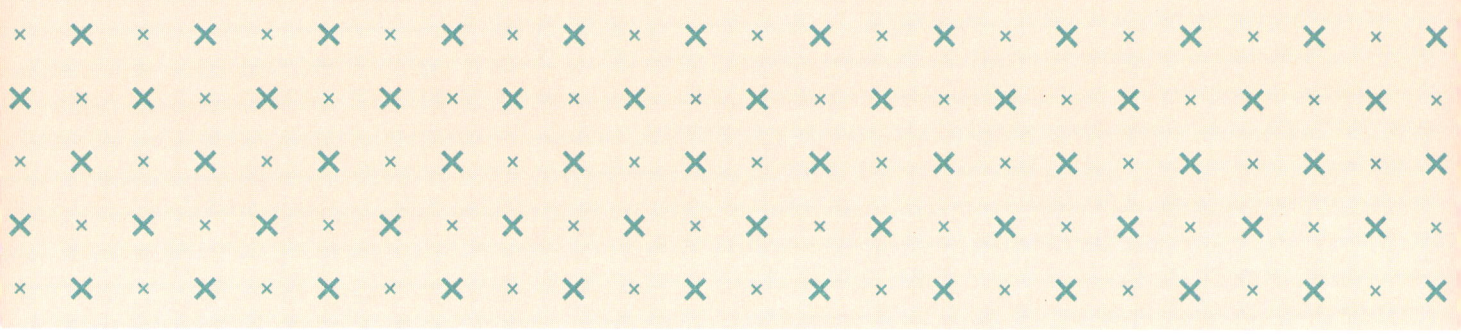

1. 본문에 사용된 다음 낱말 중 뜻이 틀린 것을 고르세요.

① 별궁: 예전에 특별히 따로 지은 궁전을 이르던 말

② 처소: 사람이 살거나 임시로 머무는 곳

③ 상소문: 임금에게 올리는 글을 이르던 말

④ 소신: 사람과의 관계에서 지켜야 할 바른 도리

2. 어의가 황제 앞에서 할 말이 있으면서도 망설인 까닭을 고르세요.

① 포악한 성품을 가진 황제가 무서워서

② 황제가 아끼는 평국이 여자였다는 사실 때문에

③ 평국의 맥을 짚어보니 나을 수 없는 큰 병이어서

④ 평국이 여자라 그를 진료하기 싫어서

3. 다음은 홍계월이 남자인 척하고 살아온 까닭입니다. 맞는 낱말을 골라 O표 하세요.

버려질 때 남자 옷을 입고 있어서 **(부모님 / 여공)**도 저를 남자아이로 키우셨습니다. 소신은 여자라는 것을 밝히면 **(집안 / 부엌)**에만 있게 되니 **(부모님 / 직업)**을 찾을 수 없을 거라 생각해 지금까지 남자인 척하며 살아왔습니다.

| 공부한날 | 월 | 일 | 요일 |

4. 다음은 홍계월이 겪은 일들입니다. 시간 순서대로 ( ) 안에 번호를 써 보세요.

① 보국과 함께 반란을 진압했어요. ( )

② 과거에 급제해 벼슬을 받았어요. ( )

③ 장사랑의 난 때 강물에 버려졌어요. ( )

④ 여공에게 구조되어 보국과 함께 자랐어요. ( )

⑤ 황제에게 자신이 여자임을 밝히는 상소문을 올렸어요. ( )

5. 밑줄 친 곳에 알맞은 말을 넣어 이야기 내용을 간추려 보세요.

어린 시절 부모와 헤어져 여공 밑에서 남자로 키워진 _____은 나라에 공을 세워 황제가 아끼는 신하가 되었습니다. 얼마 전까지 평국이었던 _____은 자신이 _____임을 고백하는 상소문을 올렸지만 _____는 그를 벌하지 않았어요.

고전 속으로

16~17. 『박씨부인전』

병자호란은 임진왜란이 끝난 지 40여 년 만에 일어나 조선 백성들에게 전쟁의 아픔을 다시금 겪게 했습니다. 더욱이 임금인 인조가 삼전도에서 청나라에 굴욕적인 항복을 하자, 조선 백성들은 몸과 마음 모두에 큰 상처를 입고 말았어요. 그즈음에 등장한 『박씨부인전』은 최초로 여성 영웅을 등장시켜, 무능한 남성들을 대신해 외적의 장수를 무릎 꿇리며 백성의 울분을 풀어 주었습니다. 또한 재주가 많아도 숨죽인 채 살며 뜻을 펼치지 못했던 조선 시대 여성들에게 용기와 희망을 주었어요.

혼례를 마치고 박씨 부인을 처음 보았을 때 신랑인 이시백은 깜짝 놀라고 맙니다. 너무나 못생긴 얼굴 때문에 박씨 부인은 집안 식구들은 물론 하인들에게까지 무시를 당하지요. 시아버지인 이득춘도 처음엔 놀라지만 곧 박씨 부인의 고운 마음씨와 예의 바른 모습에 잘 대해 줍니다. 그러나 이시백은 좀처럼 부인에게 마음을 열지 못합니다. 나중에 박씨 부인이 허물을 벗고 아름다워지자, 그제야 이시백은 부인에게 잘해 주지 않았던 것을 후회합니다. 박씨 부인은 자신을 내쳤던 이시백을 호되게 꾸짖습니다. 『박씨부인전』은 이시백의 달라진 태도를 통해 사람됨이나 마음씨가 아니라 외모로 여성을 판단하는 잘못된 태도를 꾸짖고 있습니다.

한편 조선 시대 여성들은 뛰어난 능력이 있어도 사회 진출이 허용되지 않았어요. 그런데 박씨 부인은 미래를 내다보고 어려운 일들을 척척 해결합니다. 피화당을 지어 전쟁의 화를 벗어나고자 하는가 하면, 자객이 오는 것을 미리 알

고 대비하게 하고, 오랑캐의 침략에 맞설 묘책을 내놓기도 합니다. 『박씨부인전』에는 최초의 여성 영웅인 박씨 부인뿐 아니라, 몸종 계화, 만 리를 훤히 본다는 청나라 황후, 자객 기홍대 등 능력 있는 여성들이 많이 등장합니다. 이것은 임진왜란과 병자호란을 겪으면서 서서히 신분 제도가 흔들리기 시작하고, 여성의 사회의식에도 많은 변화가 있었기 때문이에요. 여성들이 적극적으로 세상에 나아가려는 꿈을 꾸기 시작한 것입니다.

18~19. 『사씨남정기』

『사씨남정기』는 조선 숙종 때의 사람인 김만중이 지은 한글 소설입니다. 김만중은 '우리의 문학은 마땅히 우리 글로 쓰여져야 한다.'고 주장하며 한문이 아닌 한글로 이 작품을 지었어요. 이 작품이 쓰여진 것은 숙종이 당시 중전인 인현왕후를 폐위하고 장 희빈을 새로운 중전으로 맞아들인 사건에 대한 안타까운 마음을 표현하기 위함이었습니다. 사대부들은 소설을 쓰지도 읽지도 않던 조선 후기에 이 소설은 숙종의 귀에 들어갈 정도로 인기를 끌었다고 해요. 그 인기의 비결은 무엇이었을까요? 바로 숙종을 둘러싸고 인현왕후와 희빈 장씨가 벌인 갈등을 절묘하게 빗댄 소설의 정황 때문이었습니다. 김만중은 희빈 장씨가 아들을 낳아 세자 책봉이 거론되자 이를 반대하다 관직을 박탈당하고 귀양길에 올랐으며 『사씨남정기』를 지어 인현왕후가 본래의 자리로 돌아오길 바랐습니다. 김만중이 유배지에서 세상을 떠난 뒤, 마침내 장 희빈은 사약을 받고 죽음을 맞이하고 인현왕후는 다시 중전의 자리에 오르게 되었어요.

『사씨남정기』는 선한 처와 악한 첩의 대립과 갈등이 선한 처의 승리로 끝나는 사필귀정과 권선징악의 이야기입니다. 하지만 김만중은 어진 처를 옹호하고 간악한 첩을 경계하는 보수적인 교훈을 전달하는 것을 넘어 당시의 불평등한 가족 제도와 처와 첩을 구분하는 신분 질서의 폐단을 따갑게 꼬집고 있어요. 신분에 따라 사람을 차별하는 모순된 규범과 평생을 어두운 그늘 속에서 살아야 했던 첩과 서자의 고충, 이 때문에 벌어지는 문제에 대한 진지한 성찰이 담겨 있습니다. 또한 서로 다른 처지에서 서로 다른 선택을 해 나가는 두 여성의 삶을 통해서 올바른 가치란 무엇이며 이 가치를 지켜내기 위해 어떤 실천과 의지를 세워야하는지의 문제까지 함께 생각해 볼 수 있어요.

20. 『홍계월전』

가부장적인 억압과 남성 중심의 세계관과 믿음이 팽배했던 조선 후기, 억눌린 여성들의 처지와 상황에 대한 문제를 통렬하게 지적한 여성영웅소설 『홍계월전』은 남성들보다 월등히 뛰어난 능력과 대범함으로 눈부신 활약을 펼친 여성 무사 홍계월의 파란만장한 일대기를 그리고 있습니다. 홍계월은 어려서 부모와 생이별을 하고, 죽을 고비를 넘기며 극적으로 구출되어 남자아이로 길러집니다. 학문과 도술을 연마한 후 과거에 급제해 벼슬에 오르고 전쟁에 나가 큰 공을 세우기도 하지요. 여성임이 밝혀진 후 결혼을 하지만 다른 여성영웅소설이 선택하는 현숙한 아내와 어머니의 삶으로 결말짓지 않고 출중한 능력으로 전쟁에 나가 싸우며 나라를 구하고, 심지어 자신보다 능력이 모자란 남편을 살

려내는 모습을 이어갑니다. 이렇듯 여성의 능력에 대해 긍정적인 시각을 보여 주고 진보적인 태도를 담고 있어서인지 『홍계월전』은 작자와 쓰인 시기가 정확히 밝혀지지 않았어요. 대략 19세기에 지어진 것으로 추측할 뿐입니다. 작가는 자신을 숨기는 대신 이야기의 자유로운 전개와 불공정한 사회의 모습을 더욱더 신랄하게 비판해 낼 수 있었을 것입니다.

짧은 글 쓰기 연습 4

낱말과 사자성어의 뜻과 쓰임을 익히고 그 낱말과 사자성어를 사용해 문장을 만들어 보세요.

1. 아래 가로 열쇠, 세로 열쇠의 풀이말을 보고 퍼즐 빈칸에 알맞은 낱말을 〈보기〉에서 찾아 써 보세요.

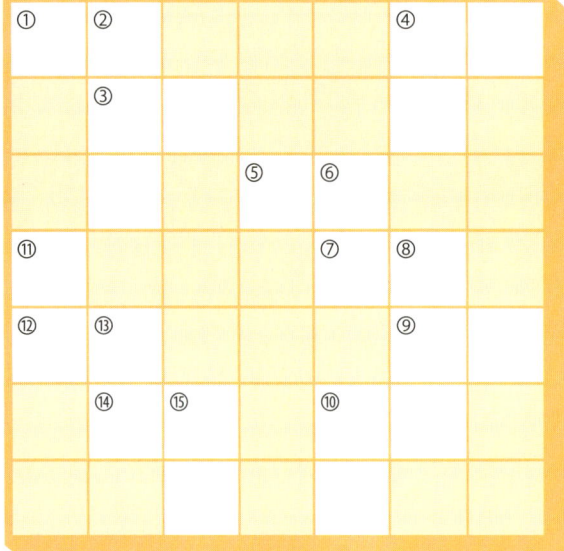

보기
기회 처사
천사 재상
별궁 소신
처소 기록
중매 혼사
칭송 사랑
매미 사칭
상소문 송별회
미천

🗝 가로 열쇠
① 예전에 임금을 보좌하며 모든 관원을 지휘하고 감독하는 일을 맡은 이품 이상의 벼슬
③ 예전에 신하가 임금에게 자기를 낮추어 가리키던 말
④ 벼슬을 하지 아니하고 초야에 묻혀 사는 선비
⑤ 혼인에 관한 일
⑦ 어떠한 것에 대해 칭찬하여 이르는 말
⑨ 예전에 특별히 따로 지은 궁전을 이르던 말
⑩ 어떠한 일이나 행동을 하기에 가장 좋은 때나 경우
⑫ 매미목 매밋과에 속한 곤충
⑭ 선량하고 어진 사람을 비유적으로 이르는 말

🔑 세로 열쇠
② 예전에 임금에게 올리는 글을 이르던 말
④ 사람이 살거나 임시로 머무는 곳
⑥ 이름이나 직업 따위를 거짓으로 속여 말함
⑧ 떠나는 사람에 대한 섭섭함과 아쉬움을 표하고 앞날의 행운을 바라는 뜻으로 베푸는 모임
⑩ 주로 후일에 남길 목적으로 어떤 사실을 적음
⑪ 두 집안이나 남녀 사이에서 혼인이 이루어지도록 중간에서 서로 소개해 줌
⑬ ○○하다: 보잘것없고 천하다.
⑮ 한옥에서, 집의 안채와 떨어져 바깥주인이 거처하며 손님을 접대하는 곳

· **위의 낱말 중 세 개를 골라 하나씩 쓰고, 그 낱말을 넣어 각각 짧은 글을 지어 보세요.**
  예) 칭송: 그의 소설은 노벨문학상감이라고 **칭송**을 받았다.

　　　　：_____

　　　　：_____

　　　　：_____

2. 다음 낱말에 쓰인 한자에 대해 알아봅시다.

| 婚 | 혼인할 혼 | 뜻: ①혼인하다, ②아내의 친정, ③아내의 친정 식구 |

- 혼(婚)은 '혼인하다' 즉 '결혼하다'의 뜻으로 가장 많이 쓰여요.

> **보기**
> 혼례 신혼 혼수 이혼 약혼 청혼

- 다음 낱말 뜻을 보고 빈칸에 알맞은 낱말을 위의 〈보기〉에서 찾아 쓰세요.

① ☐☐ : 혼인할 때 필요한 물건의 품목　　② ☐☐ : 부부가 서로의 합의나 재판에 따라 혼인 관계를 끊고 헤어짐

③ ☐☐ : 남녀가 부부 관계를 맺는 서약을 하는 의식　　④ ☐☐ : 혼인하기로 약속함

⑤ ☐☐ : 어떤 사람에게 결혼하기를 청함　　⑥ ☐☐ : 갓 혼인함

3. 다음 사자성어의 뜻을 알아봅시다.

선견지명 [先見之明]

『후한서』에서 조조가 양표에게 "공은 어찌 그렇게 수척해지셨소?"라고 묻자 양표가 "저는 김일제와 같이 앞날을 미리 내다볼 수 있는 능력(선견지명)이 없어 부끄럽지만, 늙은 소가 새끼를 핥는 마음은 품고 있습니다."라고 대답한 데서 유래했답니다. 양표의 아들 양수는 조조의 눈밖에 나 사형을 당했고, 김일제는 항상 자식들을 조심시켜서 가문을 지킬 수 있었다고 해요. 양표는 김일제 같은 선견지명이 없어 자식을 잃었지만 죽은 자식을 사랑하는 마음은 있다고 고백한 것입니다. 김일제처럼 어떤 일이 일어나기 전에 미리 앞을 내다보고 아는 지혜를 **선견지명**이라고 합니다.

예) 박씨 부인의 **선견지명**이 없었다면 기홍대가 이시백을 해쳤을 것이다.

· 위 속담을 넣어 짧은 글을 써 봅시다.

_____
_____

글쓰기 연습 4

이야기

이야기는 어떤 사물이나 사실, 현상에 대하여 일정한 줄거리를 가지고 하는 말이나 글입니다. 일기나 생활문처럼 겪은 일을 이야기 형식으로 쓸 수도 있고, 동화나 소설처럼 상상해서 쓰는 글도 이야기라고 해요.

이야기는 어떻게 쓸까요?

1. 제목
이야기에 등장하는 주요 인물이나 사건 등과 어울리는 제목을 씁니다.

2. 처음(발단)
이야기에는 인물, 사건, 배경이 반드시 필요해요. 처음 부분에서는 인물과 배경을 소개해요.

3. 가운데①(전개)
이야기 속 인물들이 일으키는 사건이 시작되는 부분입니다.

4. 가운데②(절정)
사건이 진행되어 인물 간의 갈등이 커지거나 주인공이 위험에 빠지는 부분이에요.

5. 끝(결말)
사건이 해결되고 이야기가 마무리됩니다.

● 다음은 『박씨부인전』의 일부입니다. 이 글을 참고해 이야기 쓰는 방법을 익혀 보세요.

제목	**이득춘과 박 처사의 만남**
처음(발단)	조선 인조 때 이득춘이라는 훌륭한 재상이 있었습니다. 그의 아들 시백도 글공부를 아주 잘해서 장차 큰 인물이 될 거라고 했어요.
가운데①(전개)	어느 날 한양 이득춘의 집에 손님이 찾아왔습니다. 옷은 초라하게 입었지만 눈빛과 행동이 비범한 사람이었어요. "저는 금강산에 사는 박 처사입니다. 공의 인품이 훌륭하다는 소문을 듣고 한번 뵙고 싶어서 왔습니다."
가운데②(절정)	박 처사의 말과 몸가짐이 훌륭해서 이득춘은 며칠 동안 그를 극진히 대접했습니다. 어느 날 박 처사가 말했어요. "아드님이 훌륭하다던데, 잠깐 볼 수 있겠습니까?"
끝(결말)	이득춘이 시백을 불러 박 처사에게 인사시키자 박 처사는 귀하게 될 얼굴이라며 감탄했어요. 그러더니 자신에게는 나이 열여섯이 된 딸이 있는데 재주와 덕이 남 못지않으니 시백과 혼인시키고 싶다고 했습니다. 이득춘은 갑작스런 청혼에 놀랐지만 박 처사의 비범한 인품을 믿어 그 딸도 훌륭한 인물일 거라 생각해 혼인을 허락했어요.

글쓰기 연습 4

이야기 쓰기

상상한 이야기를 글로 써 봅시다. 먼저 주요 인물을 정한 뒤 인물들의 성격과 특징, 그 인물이 활동하는 장소와 때(배경)를 정합니다. 그리고 그 인물이 어떤 사건을 만들고 해결할지 생각해요. 재미와 교훈을 담으면 더 좋아요. 아래 빈칸에 간단히 적어본 후 글로 옮겨 써 보세요.

1. 제목:

2. 처음(발단): 인물과 배경 소개

배경	장소			때	
인물1	이름		성격과 특징		
인물2	이름		성격과 특징		
인물3	이름		성격과 특징		

3. 가운데①(전개):

4. 가운데②(절정):

5. 끝(결말):

- 위에 적어둔 내용을 글로 완성해 보세요.

제목 _____

처음(발단) _____

가운데①(전개) _____

가운데②(절정) _____

끝(결말) _____

Week 5

허생전 1
허생전 2
금오신화 1
금오신화 2
양반전

21 허생전 1

만 냥만 빌려 주시오

한양 안에서도 남촌은 몰락한 양반이나 양반 중에서도 지위가 낮은 사람들이 모여 사는 곳이었습니다. 그 남촌 묵적동에 허생이라는 사람이 살았어요. 곧 쓰러질 것 같은 초가집에 사는 허생은 날마다 글만 읽었어요. 벼슬길에 나갈 생각도 없는 남편이 글만 읽고 있으니 아내가 삯바느질을 해서 겨우 먹고살았습니다.

굶주리기를 밥 먹듯 하는 고단한 삶을 견디다 못한 아내가 허생에게 말했어요.

"과거를 볼 것도 아니라면서 글만 읽으시면 어찌합니까? 장사를 하든지 물건을 만들든지 돈을 벌어야 먹고살 것 아닙니까?"

"내 공부가 아직 모자라오. 밑천이 없으니 장사를 못 하고, 배운 적이 없으니 물건도 못 만드는 걸 어떻게 하겠소?"

"평생 글만 읽더니 어떻게 하겠냐는 말 밖에 모르시오?"

아내가 화를 내자 허생은 책을 덮고 일어서며 말했어요.

"내가 십 년을 작정하고 글을 읽고 있었으나 이제 칠 년인데, 아깝게 되었구나."

집을 나선 허생은 저잣거리로 나가 아무나 붙들고 물었습니다.

"한양에서 제일가는 부자가 누구요?"

"허허, 한양 최고 부자 변 씨를 모르는 양반이 다 있구려."

집 안에서 책만 읽던 허생은 변 씨가 어떤 사람인지, 변 씨의 집이 어디인지도 몰랐지만 사람들에게 물어 어렵지 않게 그의 집을 찾아갈 수 있었어요. 허생은 변 씨를 만나 예의를 갖춰 말했어요.

"내가 가진 것은 없으나 무슨 일을 좀 해 보려 하니 만 냥만 빌려 주시오."

변 씨는 별다른 말도 없이 바로 만 냥을 내어 주었고, 허생은 고맙다는 말도 없이 돈을 챙겨 밖으로 나갔습니다. 변 씨의 아들과 집안 사람들은 이 광경을 보고 모두 놀랐어요.

"아버님, 저 사람을 아십니까?"

"오늘 처음 보는 사람이다."

"아니, 누군지도 모르는 사람에게 만 냥을 선뜻 빌려주셨습니까? 저 초라한 행색을 보아하니 갚을 능력도 없어 보이는데 말입니다."

변 씨가 대답했습니다.

"남에게 무언가를 얻으려는 사람은 대체로 비굴하기 마련이다. 믿음을 얻으려고 자신의 계획을 부풀리기도 하지. 그러나 아까 그 사람은 행색은 초라하지만 눈빛이 당당하고 얼굴에는 부끄러운 기색이 없었다. 부풀리는 말도 없으니 그 사람이 하려는 일이 작은 일은 아닐 것이다. 나 또한 그 사람을 시험해보려고 한다."

작품정보

『허생전』

조선시대 박지원의 소설로 가난한 선비 허생이 빌린 돈 만 냥으로 큰 돈을 버는 실험도 해보고 도적떼 문제를 해결하고 가난한 백성들을 도운 뒤 빌린 돈을 갚고 자신은 빈손으로 돌아온다는 이야기입니다. 이 부분은 허생이 아내의 하소연을 듣고 집을 나가 변 씨에게 돈을 빌리는 장면입니다.

1. 다음 빈칸에 알맞은 낱말을 〈보기〉에서 찾아 쓰세요.

> **보기**
>
> 몰락   비굴   저잣거리   삯바느질

① 그의 집안은 한 번 _____한 후 다시 일어서지 못했다.

② 할머니는 낮에는 행상, 밤에는 _____을 해서 아버지를 대학에 보내셨다.

③ 시골에서 막 올라온 그는 한양의 _____가 마냥 신기했다.

④ 잘못한 게 없는데 먼저 고개 숙이는 건 _____한 일이야!

2. 허생에 대한 설명으로 맞는 것에는 ○표, 틀린 것에는 ✕표 하세요.

① 지위가 낮은 양반들이 사는 남촌에 살고 있었어요. (   )

② 초가집에서 살았지만 숨겨놓은 재산이 많았어요. (   )

③ 삯바느질하는 아내를 도와주었어요. (   )

④ 십 년 동안 글을 읽겠다는 계획이 있었어요. (   )

3. 허생이 한양 최고 부자 변 씨를 찾아간 까닭을 고르세요.

① 부자가 되는 비법을 물어보려고

② 무슨 일을 해 보려고 만 냥을 빌리기 위해

③ 아내가 변 씨를 만나보라고 해서

④ 부자와 친구가 되고 싶어서

4. 다음은 변 씨가 허생에게 큰돈을 빌려준 까닭입니다. 빈칸에 알맞은 낱말을 써 보세요.

그 사람은 행색은 초라하지만 눈빛이 ☐☐하고 얼굴에는 부끄러운 기색이 없었다. ☐☐☐☐ 말도 없으니 그 사람이 하려는 일이 작은 일은 아닐 것이다. 나 또한 그 사람을 ☐☐해보려고 한다.

5. 밑줄 친 곳에 알맞은 말을 넣어 이야기 내용을 간추려 보세요.

글만 읽던 _____은 돈을 벌어오라는 _____의 하소연에 글 읽기를 그만두고 밖으로 나왔습니다. 허생은 한양에서 가장 부자라는 _____를 찾아가 _____을 빌렸어요.

22 허생전 2
백만 냥을 버린 허생

　몇 년 후 허생은 변 씨를 다시 찾아갔습니다. 변 씨는 여전히 초라한 허생의 행색을 보고 빌려간 돈 만 냥을 모두 날렸느냐고 물었어요.
　허생이 웃으며 십만 냥을 내밀었어요.
　"내가 십 년 글 읽기를 끝내지 못하고 만 냥을 빌려간 것이 부끄러울 뿐이오."
　변 씨가 돈이 너무 많은 것에 놀라며 빌려준 만 냥의 십분의 일만 이자로 받겠다고 했습니다. 그러자 허생이 화를 내며 말했어요.
　"그대는 내가 장사치인 줄 아시오!"
　허생은 벌떡 일어나 뒤도 돌아보지 않고 변 씨의 집을 떠났습니다. 변 씨는 허생 몰래 그의 뒤를 따라가 집을 알아냈어요. 그리고 우물가에서 빨래하던 할머니에게 그 집이 누구 집인지 물어보아 그가 가난하지만 글 읽기를 좋아하는 선비 허생이라는 것도 알았어요.
　이튿날 변 씨는 허생에게 받은 돈을 돌려주려고 허생을 찾아갔습니다. 그러나 허생은 돈을 받지 않겠다며 말했어요.
　"내 뜻이 부자가 되는 것이었다면 백만 냥을 바다에 버리고 십만 냥만 남겼겠소? 재물 때문에 마음을 괴롭히는 것을 원치 않으니, 그대가 가끔 찾아와 먹을 것이나 옷가지가 떨어지지 않게 살펴 주시오."
　변 씨가 여러 차례 돈을 받으라고 설득했지만 허생의 마음을 돌릴 수는 없었습니다. 변 씨는 허생의 먹을 것이나 옷이 떨어질 때쯤이면 자신이 직접 찾아가 허생을 도왔어요. 그렇게 몇 해가 지나니 두 사람 사이에는 두터운 우정이 생겼습니다.

어느 날 변 씨가 허생에게 물었어요.

"어떤 방법으로 오 년 만에 백만 냥을 벌 수 있었나?"

"어렵지 않은 일이지. 우리 조선은 온갖 물건이 한 지역에서 나고 한 지역에서 쓰이지 않나. 천 냥이 있으면 그것을 열로 나누어 백 냥씩, 열 가지 물건을 살 수 있지. 가벼운 품목이라면 굴리기도 쉽다네. 한 품목에서 손해를 보더라도 다른 아홉 가지 품목에서 이익을 얻을 수도 있어. 이것은 작은 장사꾼들이 돈을 버는 방법이지. 허나 만 냥이 있다면 그 돈으로 한 가지 품목을 독점할 수 있다네. 한 가지 물품이 한곳에 묶여 있다고 생각해 보게. 어찌 되겠나? 그 물품을 취급하던 상인들이 사고파는 일을 못하게 되니 상거래 기반이 무너지겠지. 사실 이 방법은 백성을 해치는 방법이야. 만약 나랏일을 하는 사람이 이 방법으로 돈을 벌려 한다면 나라가 위태로워질 걸세."

변 씨는 허생의 이야기를 듣고 허생의 안목과 재주가 참으로 아깝다고 생각했습니다.

작품 정보

『허생전』

조선시대 박지원의 소설로 가난한 선비 허생이 빌린 돈 만 냥으로 큰 돈을 버는 실험도 해보고 도적떼 문제를 해결하고 가난한 백성들은 도운 뒤 빌린 돈을 갚고 자신은 빈손으로 돌아온다는 이야기입니다. 이 부분은 허생이 변 씨에게 빌린 돈을 갚고 그에게 상업에 대해 이야기하는 장면입니다.

1. 다음 풀이에 알맞은 낱말을 〈보기〉에서 찾아 빈칸에 쓰세요.

> **보기**
>
> 독점   안목   이자   상거래   품목

① _____ : 남에게 돈을 빌려 쓴 대가로 치르는 일정한 비율의 돈

② _____ : 물품 종류의 이름

③ _____ : 개인이나 어떤 단체가 생산과 시장을 지배하여 이익을 독차지함

④ _____ : 물품이나 서비스를 팔고 사는 행위

⑤ _____ : 사물의 좋고 나쁨 또는 진위나 가치를 분별하는 능력

2. 다음 중 허생이 변 씨에게 화를 낸 까닭을 고르세요.

① 변 씨가 허생에게 만 냥을 다 날렸느냐고 물어서

② 변 씨에게 만 냥을 빌려갔던 게 부끄러워서

③ 변 씨가 빌려줬던 돈의 십 분의 일만 이자로 받겠다고 해서

④ 변 씨가 허생에게 장사치라고 말해서

공부한날   월   일   요일

3. 다음은 허생이 변 씨가 돌려주는 돈을 받지 않은 까닭입니다. 빈칸에 알맞은 낱말을 쓰세요.

"내 뜻이 □□가 되는 것이었다면 □□ 냥을 바다에 버리고 십만 냥만 남겼겠소? 재물 때문에 □□을 괴롭히는 것을 원치 않으니, 그대가 가끔 찾아와 먹을 것이나 옷가지가 떨어지지 않게 살펴 주시오."

4. 다음은 허생이 한 말입니다. 빈칸에 공통으로 들어가는 낱말을 써 보세요.

만 냥이 있다면 그 돈으로 한 가지 품목을 □□할 수 있다네.
누군가 □□을 한다면 그 물품을 취급하던 상인들이 사고파는 일을 못하게 되니 상거래 기반이 무너지겠지.

5. 밑줄 친 곳에 알맞은 말을 넣어 이야기 내용을 간추려 보세요.

몇 년 만에 돌아온 _____은 변 씨에게 _____냥을 돌려주었어요. _____는 허생과 친구가 되어 그가 큰돈을 번 방법에 대해 듣고는 허생의 안목과 _____가 아깝다고 생각했습니다.

23 금오신화 1
만복사저포기

　남원 고을의 양생은 부모님이 일찍 돌아가셔서 장가도 못 간 채 만복사라는 절의 구석방에서 살고 있었어요. 어느 봄날 양생은 달 밝은 밤 배나무 아래에서 외로운 마음을 시로 지어 읊었습니다.

　다음 날은 사람들이 만복사에 와 연등을 달고 소원을 비는 날이었습니다. 사람들이 모두 돌아가고 날이 저물었을 때 양생은 법당에 들어갔어요. 그는 부처님 앞에 앉아 소맷자락에서 저포를 꺼내 던지며 말했어요.

　"부처님, 저와 함께 저포놀이 한번 하시지요. 제가 지면 잔칫상을 차려 드리겠습니다. 제가 이기면 저에게 꼭 맞는 짝을 보내 주십시오."

　양생이 이겼어요. 양생은 부처님께 약속을 꼭 지키시라고 하고 탁자 밑에 몸을 숨겼어요.

　잠시 후 열대여섯 살쯤 된 아름다운 아가씨가 법당으로 들어왔습니다. 아가씨는 부처님께 절을 하고 단정히 앉더니 자신의 외로운 신세를 한탄하며 배필을 얻고 싶다고 적은 축원문을 읽더니 흐느껴 울었어요. 양생은 탁자 밑에서 나와 아가씨 앞에 섰습니다. 서로 마음이 통한 두 사람은 양생의 방에서 시를 지으며 즐거운 이야기를 나누었어요. 그리고 양생은 아가씨가 혼자 사는 집으로 따라가 아가씨의 친척들을 만나 맛있는 음식을 먹고 시를 지으며 행복한 시간을 보냈습니다.

　그러나 아가씨는 헤어질 때가 되었다며 양생에게 은그릇을 하나 주면서 말했어요.

"내일 부모님께서 저를 위해 보련사에 음식을 올리실 것입니다. 보련사 가는 길에서 저의 부모님을 만나 보셔요."

양생은 다음 날, 은그릇을 들고 가 아가씨의 부모님을 기다렸습니다. 그러자 수레에 음식과 물건을 가득 싣고 딸의 제사를 지내러 보련사로 간다는 양반집 행차가 나타났어요. 일행 중 한 사람이 양생이 들고 있는 은그릇을 수상히 여겨 주인에게 말했어요.

"저 자가 아가씨 무덤에 함께 묻은 은그릇을 들고 있습니다."

주인이 양생에게 어떻게 된 일인지 물었어요. 양생이 아가씨를 만난 일을 있는 그대로 얘기하자 주인이 말했습니다.

"우리에겐 외동딸이 있었다네. 몇 년 전 왜구가 처들어왔을 때 난리 통에 그만 죽고 말았어. 장례를 치를 겨를이 없어 절 근처에 임시로 묻어 두었었지. 오늘은 그 아이가 죽은 지 2년이 되는 날이라 딸아이의 명복을 빌기 위해 부처님께 공양을 올리러 가는 길이라네."

양생은 아가씨의 가족들과 함께 장례를 치른 뒤, 자신의 집과 땅을 모두 팔아 여인의 극락왕생을 비는 제사를 올렸어요. 여인은 그 정성으로 다른 나라에서 남자로 환생했고, 양생은 장가들지 않고 지리산으로 들어가 약초를 캐며 혼자 살았습니다.

작품정보

『금오신화』

조선시대 김시습이 쓴 우리나라 최초의 소설입니다. 다섯 편의 이야기가 들어있는데, 그중 「만복사저포기」는 주인공 양생이 만복사에서 저포놀이를 해 배필을 얻는 이야기입니다. 이 부분은 양생이 사랑하게 된 아가씨가 이미 죽은 사람의 혼이었다는 것을 알게 되어 그녀의 명복을 빌어주는 장면입니다.

1. 다음 낱말들의 뜻을 찾아 줄로 이어 주세요.

① 저포 ・　　　・ ㉠ 부부로서의 짝

② 배필 ・　　　・ ㉡ 이 세상을 떠나 아무런 괴로움과 걱정이 없는 안락하고 자유로운 세상에 가서 다시 태어남

③ 축원문 ・　　　・ ㉢ 백제 때에 있었던 윷놀이와 비슷한 놀이로, 나무 주사위 같은 것을 던져서 승부를 겨룸

④ 극락왕생 ・　　　・ ㉣ 부처에게 자신이 바라는 바를 아뢰고 그것이 이루어지기를 비는 뜻을 적은 글

2. 양생에 대한 설명으로 틀린 것을 고르세요.

① 부모님이 일찍 돌아가셨어요.

② 만복사의 스님이었어요.

③ 외로운 마음을 시로 읊었어요.

④ 부처님과 저포놀이를 했어요.

3. 양생이 아가씨를 만났을 때 있었던 일로 맞는 것에는 ○표, 틀린 것에는 ✕표 하세요.

① 양생과 아가씨는 아가씨의 방에서 시를 지으며 이야기를 나누었어요. (　　)

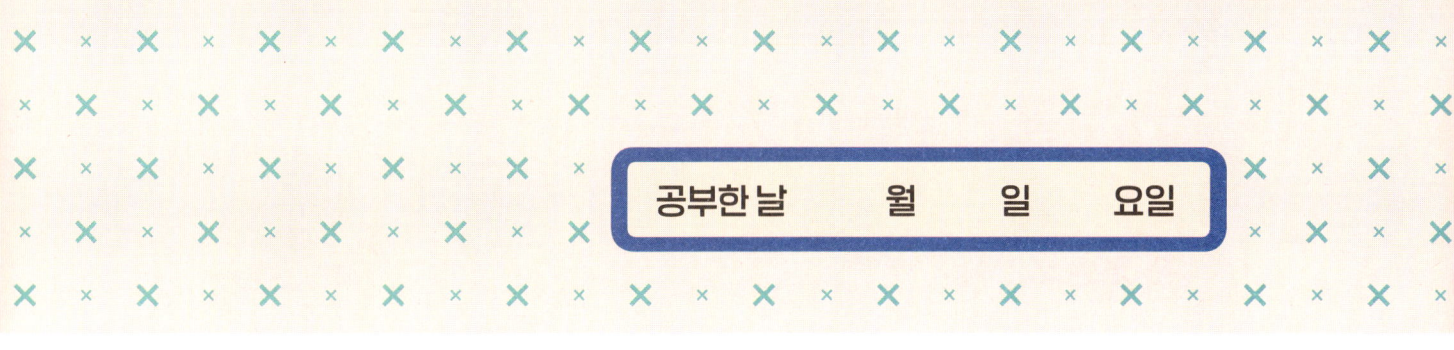

② 양생은 아가씨의 집에서 아가씨의 친척들과 맛있는 음식을 먹었어요. ( )

③ 헤어질 시간이 되자 아가씨는 양생에게 은그릇을 주었어요. ( )

④ 아가씨의 부모님이 아가씨의 집으로 음식을 잔뜩 갖고 왔어요. ( )

4. 양생이 만났던 아가씨에 대한 설명으로 옳은 것을 고르세요.

① 양생을 만나기 전에 이미 결혼을 한 적이 있어요.

② 부모님이 아가씨를 찾으러 다니고 있었어요.

③ 2년 전에 왜구들이 쳐들어왔을 때 죽었어요.

④ 양생이 제사를 지내주어 다시 여자로 환생했어요.

5. 밑줄 친 곳에 알맞은 말을 넣어 이야기 내용을 간추려 보세요.

부모도 없이 외롭게 살던 _____은 _____라는 절의 부처님과 _____놀이를 해서 이겼습니다. 양생의 소원대로 마음에 맞는 _____를 만나 즐거운 시간을 보냈지만 그녀는 이미 죽은 사람의 혼이었어요.

24 금오신화 2
남염부주지

경주에 박생이라는 사람이 살았습니다. 그는 유학을 열심히 공부해 학식이 높은데다 권세 앞에 굽신거리지 않는 사람이었어요. 사람들은 그가 교만한 줄 알았지만 공손하고 정중한 사람이었고, 불교를 믿지는 않아도 스님들과 친하게 지냈어요.

어느 날 박생은 한 스님과 극락과 지옥에 대해 이야기를 나누었습니다.

"세상은 음과 양으로 이루어진 이 세상 하나뿐입니다. 어떻게 이 세상 말고 극락 같은 다른 세상이 있겠습니까?"

"아무튼 죄와 복은 지은 대로 돌아옵니다."

스님은 박생의 말에는 대답하지 못하고 이렇게 대화를 끝냈습니다. 박생은 극락과 지옥에 대한 스님의 의견을 듣지 못해 몹시 아쉬웠어요.

얼마 후 밤늦도록 불을 밝히고 유학에 관한 책을 읽던 박생은 베개에 기댄 채 잠이 들었어요. 꿈속에서 박생은 바다 가운데에 있는 낯선 섬나라에 가 있었습니다. 풀, 나무, 모래가 없는 그곳에선 걸을 때마다 구리나 쇠가 밟혔어요. 낮에는 거센 불기둥이 하늘까지 뻗쳐 대지가 녹아내리고 밤이면 차가운 바람이 뼛속까지 파고들었습니다.

박생이 커다란 철문 앞을 지나는데 문지기가 그를 불렀어요.

"당신은 누구요?"

"예, 저, 저는 박생이라는 선비입니다. 제가 어리석게도 신령스러운 곳을 범하고 말았나 봅니다. 부디 용서하여 주십시오."

문지기는 왕께서 박생 같은 선비를 만나고 싶어 했다며 잠시 기다리라고 했어요. 잠시 후 다시 나온 문지기는 박생을 왕에게 데려가며 말했습니다.

"왕이 두렵다고 해서 자신이 하고 싶은 말을 숨기면 안 됩니다. 솔직하게 말씀드려서 백성들이 큰 도를 알 수 있게 해주십시오."

한참을 걸어 왕이 있는 성안으로 들어가니 통천관을 쓴 왕이 섬돌 아래까지 내려와 박생을 맞이했습니다. 왕은 박생을 데리고 올라가 금의자를 내주었어요. 시종들이 내온 차를 함께 마신 후 왕이 박생에게 말했습니다.

"선비는 여기가 어딘지 모르시겠지요. 이곳은 염부주라고 합니다. 하늘의 남쪽에 있어 남염부주라고도 하지요. '염부'는 이곳에 불꽃이 활활 타오르고 항상 공중에 떠 있어 지어진 이름입니다. 내 이름 '염라대왕'도 불꽃이 몸을 감싸고 있기 때문에 생긴 이름입니다. 내가 이 땅의 왕이 된 지도 벌써 만 년이 넘었습니다."

박생은 염라대왕과 오랫동안 이야기를 나누었습니다. 불교와 유교, 극락과 지옥, 인간과 귀신에 대한 이야기로 시간 가는 줄 몰랐어요. 염라대왕은 이야기를 마치면서 박생에게 자신의 뒤를 이어 염라대왕이 되어 달라고 부탁했습니다.

작품정보

『금오신화』

조선시대 김시습이 쓴 우리나라 최초의 소설입니다. 다섯 편의 이야기가 들어있는데, 그중 「남염부주지」는 주인공 박생이 꿈에서 남염부주(염라국)에 다녀오는 이야기입니다. 이 장면은 박생이 꿈에서 염라대왕을 만나 삶과 죽음의 이치를 깨닫고 다음 염라대왕이 되어 달라는 부탁을 받는 장면입니다.

1. 다음 낱말들의 뜻을 찾아 줄로 이어 주세요.

① 유학 •　　　　• ㉠ 중국의 공자를 시조로 하고 그의 가르침을 근본으로 삼는 전통적인 학문

② 극락 •　　　　• ㉡ 집채의 앞뒤에 오르내릴 수 있게 놓은 돌층계

③ 통천관 •　　　　• ㉢ 아미타불이 살고 있는 세상으로, 괴로움이 없으며 지극히 안락하고 자유로운 곳

④ 섬돌 •　　　　• ㉣ 예전에 임금이 행정 업무를 보거나 조서를 내릴 때 머리에 쓰던 관

2. 다음 중 박생이 스님과의 대화를 아쉬워 한 까닭을 고르세요.

① 스님이 극락과 지옥에 대한 의견을 말하지 않아서

② 불교를 공부한 스님이 유학을 공부한 자신을 무시해서

③ 자신의 의견과 반대로 스님이 극락이 있다고 우겨서

④ 스님이 자신에게 죄를 지으면 지옥에 간다고 말해서

3. 다음은 박생이 꿈에서 간 나라에 대한 설명입니다. 맞는 낱말을 골라 O표 하세요.

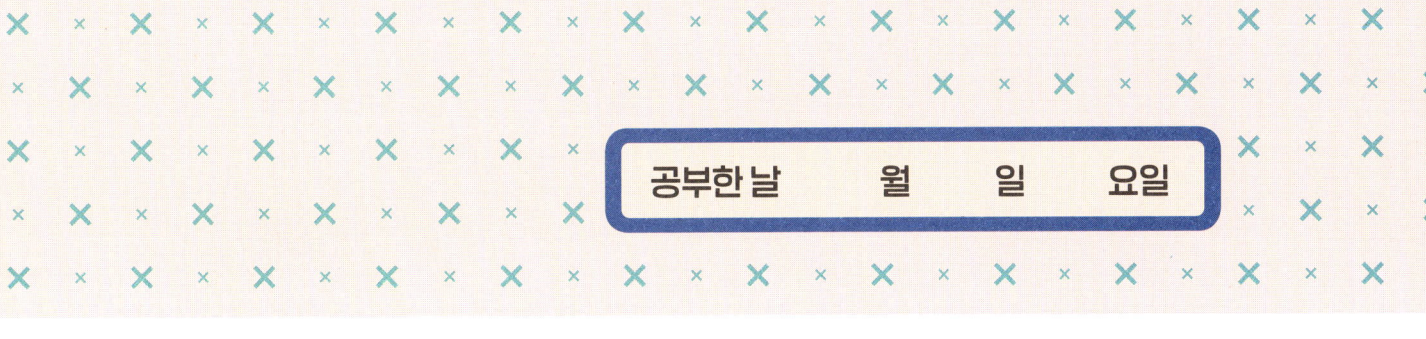

그곳은 바다 가운데에 있는 낯선 **(섬 / 별)** 나라였어요. 풀, 나무, 모래가 없는 그곳에선 걸을 때마다 구리나 쇠가 밟혔어요. 낮에는 거센 **(폭풍 / 불기둥)**이 하늘까지 뻗쳐 대지가 녹아내리고 밤이면 차가운 바람이 뼛속까지 파고들었습니다. 커다란 철문 앞에는 **(무서운 개 / 문지기)**가 서 있었습니다.

4. 다음 중 이 글의 내용을 잘못 말한 친구를 고르세요.

① 윤경: 스님은 극락과 지옥에 대해 잘 몰랐던 것 같아.

② 정훈: 염라대왕은 박생에게 귀한 손님 대접을 해주었네.

③ 찬웅: 남염부주는 불꽃이 타오르고 공중에 떠 있어서 무서운 곳 같아.

④ 수영: 염라대왕은 지옥에 있다던데, 그럼 박생은 죽은 거네.

5. 밑줄 친 곳에 알맞은 말을 넣어 이야기 내용을 간추려 보세요.

학식이 높은 선비 _____은 _____과 지옥에 대한 궁금증을 갖고 있었습니다. 어느 날 꿈에 _____에 가서 염라대왕을 만나 깨달음을 얻고, 다음 _____이 되어 달라는 부탁을 받았어요.

25 양반전
양반을 산 부자

　강원도 정선에 학식이 높고 인품이 훌륭한 한 양반이 있었습니다. 하지만 몹시 가난하여 관청에서 빌려다 먹은 곡식이 천 석이나 되었습니다. 군수는 양반에게 곡식을 갚으라고 독촉했으나 양반은 방법이 없어 눈물만 흘릴 뿐이었어요.

　그런데 며칠 후 어느 부자가 그 양반이 빌린 곡식을 한 번에 모두 갚았습니다. 몹시 놀란 군수는 어찌된 일인지 알아보려고 그 양반 집에 직접 찾아가 보았어요. 그런데 그 양반이 땅에 엎드려 군수를 맞이했어요. 더구나 자기 자신을 '소인'이라고 낮춰 부르면서 고개를 들지도 못했어요. 깜짝 놀란 군수가 양반을 일으키며 물었습니다.

　"이게 다 무슨 일이오? 일어나서 어찌된 사연인지 말해 주시오."

　양반은 벌벌 떨며 다시 땅에 엎드려 머리를 조아리고 대답했습니다.

　"다름이 아니오라, 관청에서 빌린 곡식을 갚느라고 제 양반을 팔았습니다. 이제 소인은 양반이 아니고 빚을 갚아준 우리 마을 부자가 양반입니다."

　이 말을 들은 군수는 놀라워하면서 말했어요.

　"허나 두 사람이 만나서 양반을 사고팔았을 뿐 문서로 남기지 않았으니, 이는 소송의 빌미가 될 수 있다. 고을 백성들을 불러 증인이 되게 하고, 내가 직접 문서를 만들어 도장을 찍어 주겠노라."

　군수는 관아로 돌아와 마을 사람들을 모두 불러 모았습니다. 선비, 농사꾼, 장사꾼, 장인바치들이 모두 관아에 모였어요. 군수는 그 앞에 부자와 양반을 세우고 자신이 만든 증서를 엄숙하게 읽었습니다.

"영조 21년 9월 아무 날, 이 문서는 양반을 팔아 천 석의 환곡을 갚기 위한 것이다. ……."

이렇게 시작한 문서에는 양반이 해야 하는 온갖 일들과 하지 말아야 하는 일들이 끝도 없이 적혀 있었어요. 새벽에 일어나 등잔불을 켜고 책을 읽어야 한다는 내용부터 굶주림을 참아야 하며, 추워도 화롯불에 손을 쬐지 말아야 하며, 손에 돈을 쥐지 말고, 날이 더워도 맨발로 다니면 안 된다는 등의 내용을 읽은 뒤 군수가 도장을 찍었어요. 그때 멍하니 있던 부자가 말했어요.

"양반이라는 것이 겨우 이것뿐입니까? 듣기로는 양반은 신선 같다던데, 제가 깜빡 속은 것 같습니다. 제게 이익이 되는 내용으로 고쳐 주십시오."

군수가 그 말을 듣고, 횡포를 부려 이웃의 짐승이나 일꾼을 갖다 써도 된다는 내용을 넣자 부자가 그 내용을 듣고 말했습니다.

"그만두시오! 나더러 도적놈이 되라는 말씀입니까!"

부자는 고개를 저으며 뛰쳐나가서 다시는 양반이 되겠다는 말을 꺼내지 않았어요.

작품 정보

『양반전』

연암 박지원의 소설로, 조선 후기 양반의 부패와 허세를 비판하기 위해 쓴 이야기입니다. 이 부분은 가난한 양반의 빚을 대신 갚아주고 양반을 사려던 부자가 양반의 실제 모습에 실망하는 장면입니다.

1. 다음 중 잘못된 표현을 사용해 뜻이 어색한 문장을 고르세요.

① 자기 잘못을 뉘우친 학생이 선생님께 머리를 **조아렸다**.

② 은수가 연재를 괴롭힐 **빌미**를 잡았다.

③ 그는 꾸어다 먹은 **환곡**을 다음해에도 갚지 못했다.

④ 왜적이 쳐들어오면 마을 뒷산 꼭대기에 **화롯불**을 지폈다.

2. 다음 중 양반이 자신을 찾아온 군수를 땅에 엎드려 맞이한 까닭을 고르세요.

① 군수가 양반보다 신분이 높은 사람이라서

② 양반이 관청에서 빌려다 먹은 곡식을 갚지 못해서

③ 부자에게 양반을 팔아 자신의 신분이 낮아져서

④ 양반이 몹시 예의바른 사람이어서

3. 다음은 군수가 사람들을 불러 모은 까닭입니다. 빈칸에 알맞은 말을 써보세요.

공부한날   월   일   요일

"두 사람이 만나서 양반을 사고팔았을 뿐 문서로 남기지 않았으니, 이는 ☐☐의 빌미가 될 수 있다. 고을 백성들을 불러 ☐☐이 되게 하고, 내가 직접 ☐☐를 만들어 도장을 찍어 주겠노라."

4. 다음 중 양반이 하는 일이라고 군수가 문서에 적은 내용이 아닌 것을 고르세요.

① 새벽에 일어나 등잔불을 켜고 책 읽기

② 굶주림을 드러내지 않고 참아내기

③ 더운 날은 맨발로 다니기

④ 이웃의 짐승이나 일꾼을 마음대로 갖다 쓰기

5. 밑줄 친 곳에 알맞은 말을 넣어 이야기 내용을 간추려 보세요.

강원도 정선의 한 _____이 관청에서 빌린 _____을 갚지 못하자 한 _____가 대신 갚아주고 양반을 샀습니다. _____가 양반이 하는 일을 적은 문서를 만들어주자 부자는 양반의 진짜 모습에 실망해 그만두겠다고 했어요.

양반전

고전 속으로

21~22. 『허생전』

글공부만 하던 가난한 선비 허생은 아내한테 무능한 사람으로 취급을 받습니다. 허생은 한양에서 제일가는 부자 변 씨에게 일만 냥을 빌려 달라고 했어요. 변 씨는 행색이 초라하지만 허생의 당당한 표정과 눈빛에 일만 냥을 바로 빌려주었어요. 허생은 삼남의 요충인 안성으로 가 대추·밤·감·배·석류·귤·유자 등 과일을 시세의 두 배로 주고 사들였습니다. 오래지 않아 나라 안의 과일이란 과일이 모두 바닥이 나고 대신들이 제사상도 차리지 못할 형편이 되자, 허생은 곳간에 쌓아둔 과일을 열 배 이상의 값으로 내다 팔았어요. 허생은 이렇게 번 돈을 가지고 제주도로 건너가 망건의 재료인 말총을 사들였는데 이번엔 망건 값이 열 배나 치솟아 백만 냥을 모았지요. 몇 년 후 허생한테 빌려준 돈의 열 배를 받은 변 대감은 돈과 물질을 초월한 허생으로부터 가르침을 받고자 했어요. 허생은 나라의 가난과 교통의 후진성, 유통 질서의 모순 등을 비판합니다. 그리고 마지막으로 허례허식투성이 어영대장 이완을 꾸짖은 뒤 아내와 함께 사라집니다.

『허생전』은 조선 후기 실학자 박지원이 쓴 한문소설입니다. 실학이란 현실 사회의 어려움을 해결하는 데 도움이 되는 학문을 말합니다. 당시 사회는 글 읽는 양반들이 지배했고, 그들은 현실과 동떨어진 이론과 체면치레를 앞세웠습니다. 그러면서 사람이 살아가는 데 필요한 일을 하는 것을 천하게 여겼지요. 『허생전』은 바로 이런 헛된 치레 가득한 양반들을 꼬집고, 그 때문에 고통 받는 백성들의 삶과 꿈을 그린 소설입니다. 나아가 백성들이 꿈꾸는 새로운 세상을

만드는 방법까지 제시하고 있어요. 하지만 당시 사회 분위기에서는 이런 앞선 생각이 쉽게 받아들여지지 않았습니다. 그런데 잘못된 것을 누군가가 바로잡겠다고 나서면, 그것이 불씨가 되어 언젠가는 다른 많은 사람의 생각도 바로잡을 수 있지요. 실학자 박지원은 허생을 통해서 상업과 기술이 존중되는 사회, 체면과 권위를 버리고 백성을 위해 사는 양반의 필요성을 주장했습니다.

23~24. 『금오신화』

『금오신화』는 우리나라 최초의 소설이에요. 김시습은 세종대왕의 눈에 띌 정도로 문장과 재주가 뛰어났으나 수양대군의 왕위 찬탈을 계기로 세상을 등지고 평생 방랑의 삶을 산 인물입니다. 수양대군의 왕위 찬탈에 분개하며 전국을 떠돌던 김시습은 삼십 대에 금오산에 정착하는데 『금오신화』는 이 시기에 쓴 것으로 짐작됩니다.

'금오산에서 지은 새로운 이야기'라는 뜻의 『금오신화』에는 「만복사저포기」, 「이생규장전」, 「취유부벽정기」, 「남염부주지」, 「용궁부연록」이 실려 있어요. 조선 전기 지식인들에게 널리 알려졌으나 임진왜란 이후 국내에서 자취를 감췄던 이 작품은, 1927년 최남선이 일본에서 발견한 전문을 잡지 《계명》 제19호에 수록해 소개함으로써 다시금 빛을 보게 되었답니다.

『금오신화』에는 현실 세계에서 결핍감을 느끼고 살아가는 인물들이 나옵니다. 재능은 있지만 자신이 속한 세계에 온전히 뿌리내리지 못한 사람들이지요. 이들은 어느 날 우연히 환상 세계에 가서 다른 세상의 인물을 만나게 됩니다. 「만

「만복사저포기」의 양생은 귀신과 사랑에 빠지고, 「이생규장전」에서 이생의 아내인 최랑은 죽어서도 남은 인연을 다하기 위해 이승으로 돌아옵니다. 「취유부벽정기」의 홍생은 선녀와 시를 지으며 밤을 지새우고, 「남염부주지」의 박생은 염라대왕을 만나 정치 토론을 하며, 「용궁부연록」의 한생은 용왕에게 글을 지어 주고 잔치를 즐깁니다.

『금오신화』에는 아름다운 사랑 이야기와 함께 날카로운 현실 비판도 실려 있어요. 천상계와 저승, 염라국과 용궁을 오가며 내려다 본 현실 세계는 모순과 부패, 전쟁과 폭력으로 얼룩져 있습니다. 소설은 이를 꾸미지 않고 드러내며 시원스레 나무라기도 합니다. 또한 국가와 왕, 지배층들이 나아가야 할 옳은 방향도 함께 담아 두고 있지요. 『금오신화』는 한문으로 쓰인 소설로, 이야기의 중간중간에 여러 편의 시들이 함께 펼쳐져 있기도 합니다.

25. 『양반전』

임진왜란과 병자호란을 거치면서 조선 사회는 급격히 변화하기 시작합니다. 상공업이 발달함에 따라 부유한 평민층은 늘고, 권력 다툼에 밀려 벼슬살이를 하지 못하는 양반들은 늘어났습니다. 나라에서는 재정을 메우기 위해 공명첩(실직은 주지 않고 명목상으로만 벼슬을 주던 임명장)과 납속책(군량미를 확보하기 위해 돈이나 쌀을 바치면 관직을 주는 제도)을 만들어 팔았고, 양반들도 돈을 받고 양반 신분을 팔았습니다. 엄격했던 신분 질서가 무너지며 양반의 권위는 땅에 떨어지게 되었지요. 또 서구의 앞선 문명을 접한 젊은 지식인들 사이에서 실학사

상이 싹트며, 조선 사회의 개혁을 꿈꾸게 되었습니다. 이러한 시기에 박지원은 소설을 통해 변화된 사회를 받아들이지 못하고 명분만 중시하는 지배층에 대해 신랄하게 비판했습니다.

박지원의 소설 중 『양반전』, 『허생전』, 『호질』은 풍자 문학의 최고봉으로 꼽힙니다. 『양반전』에서는 생산적인 활동은 하지 않고 책이나 읽으며 나라의 군량만 축내는 양반을 날카롭게 풍자했고, 『허생전』에서는 달라진 사회상이나 백성들은 염두에 두지 않은 채, 북벌론만 주장하는 지배층의 논리를 여지없이 비판했습니다. 『호질』에서는 아첨만 일삼고 겉과 속이 다른 양반을 신랄하게 조롱했지요. 박지원은 백성들이 가난으로 고통 받고 나라가 부강하지 못한 것이 무능한 양반들 때문이라 생각하여 그 뜻을 소설에 담았습니다.

짧은 글 쓰기 연습 5

낱말과 속담의 뜻과 쓰임을 익히고 그 낱말과 속담을 사용해 문장을 만들어 보세요.

1. 아래 가로 열쇠, 세로 열쇠의 풀이말을 보고 퍼즐 빈칸에 알맞은 낱말을 〈보기〉에서 찾아 써 보세요.

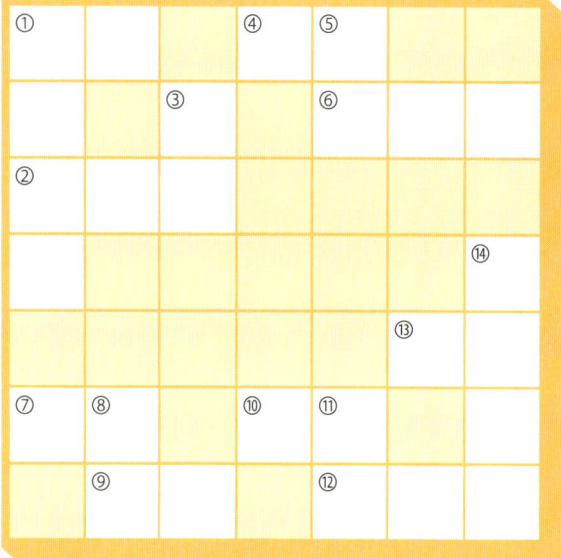

보기
안목 빌미
자유 목화
저포 미신
품목 몰락
이자 유학
화롯불 거북목
저잣거리 극락왕생
신입생

🗝 가로 열쇠
① 백제 때에 있었다는, 윷놀이와 비슷한 놀이
② 거북의 목처럼 앞으로 굽은 목
④ 물품 종류의 이름
⑥ 화로에 담긴 불
⑦ 남에게 돈을 빌려 쓴 대가로 치르는 일정한 비율의 돈
⑨ 중국의 공자를 시조로 하고 그의 가르침을 근본으로 삼는 전통적인 학문
⑩ 어떤 일을 하기 위한 계기나 핑계
⑫ 새로 입학한 학생
⑬ 번영하던 재력이나 세력 따위가 쇠하여 보잘것없이 됨

🗝 세로 열쇠
① 가게가 죽 늘어서 있는 길거리
③ 사물의 좋고 나쁨 또는 진위나 가치를 분별하는 능력
⑤ 아욱과 목화속에 속한 식물을 통틀어 이르는 말
⑧ 남에게 구속을 받거나 무엇에 얽매이지 않고 자기 뜻에 따라 행동하는 것
⑪ 과학적이고 합리적인 근거가 없는 것을 맹목적으로 믿음
⑭ 이 세상을 떠나서, 아무 괴로움과 걱정이 없는 극락에서 다시 태어남

· 위의 낱말 중 세 개를 골라 하나씩 쓰고, 그 낱말을 넣어 각각 짧은 글을 지어 보세요.
  예) 몰락: 그 나라는 귀족들의 무능과 사치로 **몰락**했다.

  _____ : _____
  _____ : _____
  _____ : _____

2. 다음 낱말에 쓰인 한자에 대해 알아봅시다.

| 生 | 날 생 | 뜻: ①태어나다, ②낳다, ③살다
쓰임: 생물(生物), 생명(生命), 출생(出生), 인생(人生) 등 |

- '-생(生)'은 벼슬하지 않은 선비를 가리키는 말로 쓰였습니다. 오늘날에 '-생(生)'은 '그러한 특성을 가진 학생' 또는 '그러한 자격을 가진 학생'이라는 뜻으로 쓰입니다.

보기

지각생 원생 수강생 우등생 음대생 허생

- 다음 낱말 뜻을 보고 빈칸에 알맞은 낱말을 위의 <보기>에서 찾아 쓰세요.

① ☐☐☐ : 강의나 강습을 받는 학생
② ☐☐ : 벼슬을 하지 않은, 허씨 성의 선비
③ ☐☐ : '원'자가 붙은 기관이나 학교 등에 소속되어 배우는 사람
④ ☐☐☐ : 음악 대학에 다니는 학생
⑤ ☐☐☐ : 정한 시간보다 늦게 온 학생
⑥ ☐☐☐ : 성적이 우수한 학생

3. 다음 속담 뜻을 알아봅시다.

목구멍이 포도청

포도청(捕盜廳)은 조선 시대에 범죄자를 잡거나 다스리는 일을 맡아보던 관아입니다. 지금의 경찰서와 비슷하니, 그때는 죄를 지으면 포도청에 잡혀갔겠지요. 입 또는 목구멍에 넣을 먹을 것을 구하기 위해서라면(먹고살기 위해서라면) 포도청에 끌려갈 만한 범죄나 체면에 어긋나는 일까지도 하게 된다는 뜻의 속담입니다.

예) 그는 **목구멍이 포도청**이라 자신의 양반을 팔았을 것이다.

· 위 속담을 넣어 짧은 글을 써 봅시다.

_____
_____

짧은 글 쓰기 연습

글쓰기 연습 5

설명문

설명문은 읽는 사람에게 어떤 사물이나 사실에 대해 알려주기 위한 글입니다. 자신의 의견이나 느낌은 빼고, 정확한 정보와 사실만 써요. 설명문에도 여러 종류가 있지만, 이번에는 일의 방법과 순서를 설명하는 글을 써 봅시다.

일의 방법과 순서를 설명하는 글은 어떻게 쓸까요?

놀이 방법이나 요리법, 장난감 조립 방법 등을 설명하는 글을 쓴다고 생각해 봅시다.

1. 제목
글의 내용이 드러나도록 간결하게 씁니다.

2. 처음
자신이 설명하려는 대상이 무엇인지 밝히고, 그것을 소개하는 이유를 씁니다.

3. 가운데
읽는 사람을 생각하면서 쉽게 풀어서 자세히 씁니다. 순서를 설명할 때는 단계별로 '첫째, 둘째, 셋째……' 또는 '맨 처음, 그 다음, 마지막으로'처럼 순서를 나타내는 말을 써 주세요.

4. 끝
주의할 점이나 참고할 내용이 있으면 덧붙여 씁니다.

● 다음은 저포놀이와 비슷한 윷놀이 방법에 대해 설명하는 글이에요. 이 설명문을 참고해 일의 방법과 순서를 설명하는 방법을 익혀 보세요.

제목 — 누구나 할 수 있는 윷놀이

처음 — 우리의 전통 놀이 중 하나인 윷놀이를 소개하겠습니다. 윷놀이는 주로 설날에 하는 민속놀이지만 명절이 아니어도 가족이나 친구끼리 모였을 때 할 수 있는 재미있는 놀이입니다.

가운데 — 윷놀이를 하려면 윷가락 네 개와 말판, 그리고 말판에서 움직일 말이 필요합니다. 말은 작은 지우개나 공깃돌로 대신할 수 있습니다. 그리고 두 사람 이상이 모여야 윷놀이를 할 수 있습니다.

　먼저 윷놀이를 함께 할 사람들이 팀을 나누고 말을 나눠 갖습니다. 어느 팀이 먼저 윷을 던질지 순서를 정한 뒤 돌아가며 윷가락을 던집니다. 윷가락을 던져서 도가 나오면 한 칸, 개가 나오면 두 칸, 걸이 나오면 세 칸, 윷이 나오면 네 칸, 모가 나오면 다섯 칸 말을 움직입니다. 그런데 윷이나 모가 나오면 윷을 한 번 더 던질 수 있습니다. 이렇게 해서 모든 말이 말판을 한 바퀴 돌아 출발점으로 먼저 돌아오는 팀이 이기는 것입니다.

끝 — 윷가락 하나에 미리 표시를 해서 말을 뒤로 가게 하는 '백도'를 정할 수도 있고, 말을 여러 개 쓸 수도 있습니다. 그러나 너무 승부에 집착하면 상대팀과 싸울 수도 있으니 재미로 즐기는 것이 좋습니다.

글쓰기 연습 5

설명문 쓰기

일의 방법과 순서를 설명하는 글을 써 봅시다. 내가 잘 알고 있어 설명하기 쉬운 놀이나 요리를 떠올려 보세요. 놀이 방법이나 요리법을 읽는 사람이 알기 쉽게 차례차례 써 봅시다. 아래 빈칸에 간단히 적어본 후 글로 옮겨 써 보세요.

1. 제목:

2. 처음

설명하려는 대상	
설명하는 이유	

3. 가운데

준비물	
순서 ①	
순서 ②	
순서 ③	
순서 ④	
순서 ⑤	

4. 끝

주의할 점	
참고할 내용	

● 위에 적어둔 내용을 글로 완성해 보세요.

제목
처음
가운데
끝

정답 및 해설

1. 토끼전

정답
1. ①②, ②㉠, ③㉡, ④㉢ 2. 임금, 도리, 토끼 3. ③ 4. ① 5. 자라, 용왕, 토끼, 신하

해설 1. ①화공: 오늘날의 화가, ②남생이: 거북과 닮은 남생잇과 동물, ③생원: 나이 많은 선비를 대접하여 부르던 말, ④보좌: 상관을 도와 일을 처리함
2. 본문에서 첫 번째 대화글 내용입니다. 임금께 충성하는 것이 신하의 도리라는 말을 통해 자라의 충성심을 알 수 있습니다.
3. ③남생이는 자라가 자신의 친척이라 생각해 친절하게 대했습니다. 원래 착한 성품을 타고나 누구에게나 친절했다는 내용은 없습니다.
4. ①은 자라가 남생이에게 한 말입니다.
5. 용왕이 큰병에 걸리자 자라는 그 병을 낫게 할 토끼의 간을 구하기 위해 육지로 올라왔습니다. 자라는 남생이를 만나 짐승들의 회의에 가서 토끼를 찾았고, 토끼에게 자신과 함께 용궁에 가서 용왕님의 신하가 되라고 거짓말을 했습니다.

2. 심청전1

정답
1. ② 2. 장사, 손해, 제물 3. ④ 4. ④ 5. 심청, 장사꾼, 공양미, 수양딸

해설 1. ②공양미: 부처에게 공양으로 바치는 쌀
2. 남경 장사꾼들은 배가 뒤집혀 장사할 물건들과 사람들을 잃어 손해가 커지자 인당수에 바칠 제물을 구하고 있었습니다.
3. ④장승상 부인의 수양딸이 되기로 했다는 말은 아버지를 안심시키려는 심청의 거짓말입니다.
4. ④마지막 대화글에 먹을 것, 입을 것 걱정에 대한 내용은 나오지 않았습니다.
5. 심청은 아버지의 눈을 뜨게 하려고 남경 장사꾼들에게 공양미 삼백 석을 받고 자신을 팔았습니다. 그러고는 아버지를 안심시키려고 장승상 부인 댁에 수양딸로 가게 되었다고 거짓말을 했습니다.

3. 심청전2

> **정답**
> 1. ③ 2. ①○, ②×, ③○, ④× 3. ③ 4. 옥황상제, 용왕, 빛 5. 심청, 맹인잔치, 심학규, 맹인

해설 1. ③'버선발'은 버선만 신고 신을 신지 않은 발로, 몹시 반갑거나 급하여 신발을 신지 못한 상황에서 쓰입니다.

2. ②공양미 삼백 석을 바치고도 심청을 다시 만날 때까지 눈을 뜨지 못했어요. ④맹인잔치 마지막 날 한양에 도착해 잔치에서 심청을 만났습니다.

3. ③심학규의 대화글에서 '어리석은 저를 죽여주시옵소서' 앞의 문장에 '저는 눈도 뜨지 못하고 딸자식만 잃었습니다'라고 했습니다.

4. 옥황상제나 용왕이 (심청의 효성에 감동해) 심학규의 눈에 빛이 들어오고 눈을 뜨게 한 것이라는 내용이 나옵니다.

5. 심청은 황후가 되어 아버지를 찾기 위해 맹인잔치를 열었습니다. 맹인잔치에 온 심학규는 심청을 만나 눈을 뜨고, 온 나라의 맹인들도 눈을 떴습니다.

4. 홍길동전1

> **정답**
> 1. ①탄식, ②병법, ③방자, ④천대, ⑤검술 2. ①유 씨, ②홍길동 3. ④ 4. ① 5. 홍 판서, 길동, 어머니, 인사

해설 1. ①탄식: 한탄하여 숨을 내쉼, ②병법: 전쟁에서 싸우는 방법, ③방자하다: 무례하고 건방지다, ④천대: 천하게 대함, ⑤검술: 칼 쓰는 기술

2. ①정실부인 유 씨와 홍 판서 사이에서 낳은 아들은 홍인형(길동의 형), ②홍 판서와 여종 춘섬 사이에서 낳은 아들은 홍길동입니다.

3. ④길동은 첫 번째 대화글에서 원통한 마음을 말하지만 검술에 대한 이야기는 없습니다.

4. ①조선은 신분제 사회였습니다, ②재주가 뛰어나도 신분이 낮으면 나라를 구하거나 공을 세울 수 없었습니다, ③어머니의 신분이 낮으면 출세할 수 없었습니다, ④신분이 낮으면 대장군이 될 수 없었습니다.

5. 홍 판서의 둘째 아들로 태어난 홍길동은 어머니의 신분이 천해 아버지를 아버지라 부르지 못하고, 세상에 나가 뜻을 펼치지도 못하는 것이 원통했습니다. 길동은 집을 나가기로 하고 아버지 어머니께 작별 인사를 했습니다.

5. 홍길동전2

정답

1. ①ⓒ, ②ⓔ, ③ⓖ, ④ⓛ 2. 활빈당 3. ③ 4. ①4, ②2, ③1, ④5, ⑤3 5. 홍길동, 탐관오리, 아버지, 병조판서

해설 1. ①탐관오리: 재물을 탐하고 행실이 깨끗하지 못한 관리, ②방: 여러 사람에게 알릴 내용을 써 붙이는 글, ③경: 임금이 신하를 부를 때 쓰던 말, ④환약: 작고 둥글게 빚은 약
2. 활빈당은 가난한 백성을 살리는 무리라는 뜻입니다.
3. ③쓰러진 아버지를 보고 눈물을 흘리는 것은 특별한 행동이 아닙니다.
4. 길동이 도적 무리의 우두머리가 되어 활빈당이라고 이름 지음→ 길동이 도술을 부려 여덟 명의 길동이 전국의 탐관오리들의 곳간을 텀→ 길동의 형이 길동을 잡아 한양으로 보냄→ 임금이 여덟 길동 중 누가 진짜인지 홍 판서를 불러 찾아내게 함→ 다시 사라진 길동이 병조판서 벼슬을 달라는 방을 붙임
5. 홍길동은 도적 무리에 들어가 우두머리가 되고 무리의 이름을 활빈당이라고 짓습니다. 홍길동의 활빈당이 탐관오리들의 곳간을 털어 가난한 백성들을 돕자 임금은 길동을 잡으려고 길동의 형과 아버지를 동원합니다. 그러나 길동은 병조판서 벼슬을 주면 잡히겠다고 했어요.

짧은 글쓰기 연습1

1.

	①공			⑥오	
②수	양	딸		⑦전	⑧각
	미		⑨장		설
	③환		⑩남	⑪생	이
	④화	약		원	
⑤불	공		⑬왕		
꽃		⑫탐	관	오	리

2. ①성인병, ②질병, ③병균, ④전염병, ⑤병원, ⑥병실
3. 해설 참고

해설 1. 짧은 글짓기는 위 정답에 적힌 낱말 중 어떤 것을 써도 좋지만, 1~5권에 나왔던 낱말들(공양미, 수양딸, 환약, 화공, 불공, 전각, 남생이, 생원, 탐관오리)을 사용해 보면 더 좋겠습니다.
2. '병'은 『토끼전』에서 쓰였습니다.
3. 꼭 한 문장으로 쓰지 않아도 됩니다. 두세 문장에 나누어 써도 좋습니다.

글쓰기 연습1

기행문 쓰기

- 아래 예시를 참고해 글쓰기 지도를 해주세요.

- 기행문을 써 봅시다.

  1. 제목: 인천 속의 중국, 차이나타운
  2. 처음: 지난 주말, 가족들과 가까운 나들이 장소를 찾다가
  3. 가운데:

여정(간 곳)		견문(보고, 듣고, 경험한 것)	감상(생각하고 느낀 것)
여정1	짜장면박물관	공화춘(원래 중국음식점이던 곳) 자리에서 박물관 운영	일제강점기 짜장면 맛이 궁금함, 빨리 짜장면 먹고 싶음
여정2	중국음식점	짜장면, 꿔바로우	짜장면보다 꿔바로우가 맛있음
여정3	한중문화관	치파오 체험, 소수민족 인형	한복보다 불편, 화려함 땅이 넓어 그런지 소수민족도 다양함

  4. 끝: 중국을 조금 알게 됨. 친구들과도 가보고 싶음

- 위에 적어둔 내용을 글로 완성해 보세요.

제목 **인천 속의 중국, 차이나타운**

처음 지난 주말 가족들과 인천 차이나타운에 갔다 왔다. 하루 만에 갔다 올 수 있는 곳을 찾다가 집에서 가까운 차이나타운을 고른 것이다.

가운데 우리가 가장 먼저 간 곳은 짜장면박물관이었다. 그곳은 원래 '공화춘'이라는 중국음식점이 있었던 곳이라고 한다. 그렇게 넓지는 않았지만 짜장면의 역사와 조리법 등을 알 수 있었다. 일제강점기 때부터 음식점이었다던데, 그때의 짜장면 맛이 궁금해졌다. 전시를 보고 나니 짜장면이 몹시 먹고 싶었다.

그래서 우리는 길 건너 중국음식점으로 갔다. 짜장면도 맛있었지만 꿔바로우도 엄청 맛있었다.

점심을 먹은 후에는 한중문화관에 갔다. 중국의 전통의상 치파오를 입어보는 곳이 있었다. 한복처럼 색깔이 화려했는데 입어보니 몸에 딱 붙어서 조금 불편하게 느껴졌다. 중국 소수민족의 인형이 전시된 것도 재미있었다. 중국은 땅이 넓어서 그런지 소수민족도 다양했다.

끝 인천에서 만들어졌다는 짜장면도 먹고, 중국 문화에 대해서도 알 수 있는 시간이었다. 다음에 친구들끼리 가서 황제의 계단에서 사진도 찍고 탕후루도 사 먹고 싶다.

6. 춘향전1

> **정답**
> 1. ①부사, ②충신, ③장옷, ④여염집 2. ④ 3. ④ 4. 기생, 문장, 도도 5. 이 도령(몽룡), 광한루, 춘향, 방자

해설 1. ①부사: 조선 시대, 정삼품의 대도호부사와 종삼품의 도호부사, ②충신: 나라와 임금을 위하여 충성을 다하는 신하, ③장옷: 예전에, 여자가 바깥나들이를 할 때 얼굴을 가리기 위해 머리에서부터 길게 내리 쓰던 옷, ④여염집: 보통 백성의 살림집
2. 이한림은 이 도령의 아버지로, 부사 벼슬을 하고 있어 이 부사 또는 사또로 불리었습니다.
3. ④방자의 대화글 속에 춘향의 어머니는 기생이었지만 춘향은 기생 노릇을 마다해 여염집 처녀와 마찬가지라고 했습니다.
4. 방자의 마지막 대화글 내용을 참고하세요. 춘향은 기생의 딸이지만 여염집 처녀와 마찬가지였고, 문장 솜씨가 뛰어났으며 도도한 성격이라고 했습니다.
5. 남원 부사 이한림의 아들 이 도령은 단옷날 광한루에서 그네를 타는 춘향의 모습을 보고 방자를 보내 춘향과 만날 약속을 잡았습니다.

7. 춘향전2

> **정답**
> 1. ① 2. ① 3. 피, 백성, 눈물, 노랫 4. ④ 5. 변 사또, 생일잔치(잔치), 암행어사, 춘향

해설 1. ①악공: 악기를 연주하는 사람, '궁궐 안에서 왕과 왕비, 왕세자를 모시고 궁중의 일을 맡아보던 여자'는 '궁녀'입니다.
2. ①문 밖에서 어슬렁거리던 것은 어사또가 된 이 도령입니다.
3. 어사또가 지은 시는 백성들의 피와 땀을 착취한 돈으로 잔치를 즐기는 변 사또와 같은 탐관오리를 꾸짖는 내용입니다.
4. ④암행어사는 사또의 잘못을 찾아내어 벌을 주러 오는 사람입니다. 지은 죄가 많은 변 사또가 이 도령을 반가워할 리는 없지요.
5. 남원 고을에 새로 온 변 사또는 자기 생일을 맞아 흥겨운 잔치를 벌였습니다. 암행어사가 된 이 도령은 변 사또를 처벌하고 춘향과 다시 만났어요.

8. 구운몽1

> **정답**
> 1. ② 2. ①○, ②○, ③×, ④○ 3. ①5, ②1, ③2, ④4, ⑤3 4. ① 5. 성진, 선녀, 출세, 육관대사

해설 1. ①합장: 두 팔을 가슴께로 올려 두 손바닥과 열 손가락을 마주 합침, ②도술: 도를 닦아 기묘한 조화를 부리는 술법, ③법당: 절에서 승려들이 부처의 상을 모셔 놓고 불도를 닦으며 신도를 모아 불교의 이치를 가르치는 장소, ④염주: 보리수 따위의 열매를 줄에 꿰어서 만든 법구
②번 문장에는 '도술'이 아니라 '심술'이 어울립니다.
2. ③선녀들은 성진에게 자신들을 소개하고, 길을 비켜줄 수 없다고 말장난을 했습니다.
3. 용궁으로 심부름을 갔던 성진이 용왕이 주는 술을 마심 → 세수를 하다 선녀들을 만남 → 선녀들에게 길을 비켜 달라며 도술로 비단을 만들어줌 → 법당으로 돌아와 속세 사람들의 출세를 부러워 함 → 성진이 한 일과 마음의 잘못을 안 육관대사가 성진에게 벌을 내리기로 함
4. ①용왕을 만난 것은 육관대사의 심부름이었으니 잘못이 아닙니다.
5. 육관대사의 심부름으로 용궁에 갔던 성진은 술을 마시고 여덟 선녀들에게 함부로 도술을 쓰고, 법당에 돌아와 선녀들을 생각하며 속세 사람들의 출세를 부러워했습니다. 부처님의 가르침을 받드는 성진이 저지른 잘못들을 알고 육관대사는 성진에게 벌을 내리기로 했어요.

9. 구운몽2

> **정답**
> 1. ①구혼, ②정숙, ③마다, ④주선, ⑤지체 2. 양소유, 과거 시험관 3. ② 4. ② 5. 양소유, 정 사도, 정경패, 혼인 준비(혼인)

해설 1. ①구혼: 결혼을 청함, ②정숙: 여자로서 행실이 바르고 마음씨가 맑음, ③마다하다: 거절하다, ④주선: 일이 잘되도록 다양한 방법으로 힘씀, ⑤지체: 어떤 집안이나 개인이 사회에서 차지하고 있는 지위
2. 첫 번째 편지는 혼인 당사자인 양소유가 직접 써서 먼저 보냈고, 두 번째 편지는 양소유가 정경패의 집에 갈 때 가져가 정경패의 아버지에게 보인 것으로 과거 시험관이 써준 것입니다.
3. ②정 사도(정경패의 아버지)가 혼사를 결정하는 대화글은 나오지 않았지만 양소유가 가져온 편지를 읽고 크게 기뻐하며 바로 혼인을 허락했습니다.
4. ②정경패의 대화글에 양소유가 '여장을 하고 거문고를 타러' 정경패의 집에 왔었다는 내용이 있습니다. 여장을 했다는 사실 자체보다 여장을 하고 자신과 가족들을 속인 것이 불쾌했던 것입니다.
5. 양소유는 과거에 장원급제해 한림원에 들어간 후 정경패에게 청혼하기 위해 정 사도의 집에 찾아갔습니다. 정 사도의 딸 정경패는 양소유가 자기 가족을 속였기 때문에 결혼할 수 없다고 했지만, 양소유가 마음에 들었던 정 사도는 양소유와 딸의 혼인 준비를 서둘렀습니다.

10. 장화홍련전

> **정답**
> 1. ①ⓒ, ②㉠, ③㉢, ④ⓛ 2. 부사, 자매, 죽는 3. ①2, ②1, ③5, ④3, ⑤4 4. ③ 5. 철산, 홍련, 장화, 원한

해설 1. ①혼백: 귀신 또는 넋, ②강직한: 마음이 꼿꼿하고 곧은, ③박대: 모질게 대함, ④원혼: 원한을 품고 죽은 사람의 넋
2. 첫 번째 문단의 내용입니다. 새로 오는 부사마다 장화와 홍련 자매의 혼백을 보고 기절해 죽는 일이 계속되자 죽음이 두려워 아무도 철산 고을에 오지 않았습니다.
3. 홍련이 정 부사에게 말한 내용입니다. 장화, 홍련의 어머니가 돌아가심 → 새어머니가 들어옴 → 새어머니가 아들 셋을 낳자 아버지도 새어머니 말만 믿고 장화와 홍련을 박대함 → 장쇠가 장화를 죽임 → 언니가 죽은 것을 알고 홍련도 연못에 뛰어듦
4. 마지막 대화글에서 홍련이 정 부사에게 두 사람의 죽음을 철저히 조사해 언니와 자신의 원한을 풀어 달라고 부탁했어요.
5. 철산 고을은 새로 부임하는 부사마다 첫날밤에 죽던 곳이었습니다. 새로 온 정동우 부사 앞에 홍련의 원혼이 나타나 언니인 장화와 자신의 억울한 죽음을 철저히 조사해 원한을 풀어달라고 부탁했습니다.

짧은 글쓰기 연습2

1.

①구	②혼		⑥여	염	⑦집
	③백	④합			배
⑨개		⑤장	옷	⑧원	혼
⑩다	음				
리		⑫악	공		
⑪소	고	기			⑭부
반			⑬암	행	어	사

2. ①자서전, ②전통, ③전달, ④토끼전, ⑤유전자, ⑥전설
3. 해설 참고

해설 1. 짧은 글짓기는 위 정답에 적힌 낱말 중 어떤 것을 써도 좋지만, 6~10편에 나왔던 낱말들(구혼, 혼백, 장옷, 합장, 여염집, 원혼, 개다리소반, 악공, 암행어사, 부사)을 사용해 보면 더 좋겠습니다.
2. '-전'은 많은 고전 소설의 제목에 쓰입니다.
3. 꼭 한 문장으로 쓰지 않아도 됩니다. 두세 문장에 나누어 써도 좋습니다.

글쓰기 연습2

제안하는 글 쓰기

- 아래 예시를 참고해 글쓰기 지도를 해주세요.

- 제안하는 글을 써 봅시다.

1. 제목: 길고양이 먹이 줄 때 한 번만 생각해 보세요

2. 처음:

내가 찾은 문제점	아파트 단지 곳곳에 쓰레기가 버려져 있음
이유	길고양이 먹이를 주고 그릇이나 껍질을 그 자리에 버림

3. 가운데:

	제안(해결 방법)	이 방법을 제안하는 까닭
1	정해진 곳에서만 먹이를 주자.	다섯 곳 정도만 정하면 그 밖의 장소는 더렵혀지지 않을 것이기 때문
2	먹이를 준 사람이 쓰레기를 집으로 가져가자.	햇반 그릇, 츄르 봉지, 고양이 먹이 캔과 남은 먹이에 파리도 꼬이고, 아파트 청소하시는 분도 힘들다.

4. 끝: 강조

제안하는 내용	아파트 안에서 정해진 곳에서만 고양이 먹이를 주자. 또, 쓰레기는 되가져가자.
기대되는 효과	아파트 안도 깨끗해지고, 캣맘을 싫어하는 사람도 줄어들 것이다.

- 위에 적어둔 내용을 글로 완성해 보세요.

제목	**길고양이 먹이 줄 때 한번만 생각해 보세요**
처음	얼마 전부터 우리 아파트 단지 화단과 지상주차장 여러 곳에 햇반 용기나 츄르 봉지, 생수병, 고양이 먹이 캔들이 자주 버려지고 있습니다. 고양이 먹이를 준 사람들이 그 자리에 버리고 가기 때문입니다. 아파트 곳곳이 지저분해져 볼 때마다 기분이 좋지 않고, 청소하시는 분들도 힘들어 하십니다.
가운데	그러니 고양이 먹이 주는 곳을 다섯 곳 정도 정해서 그 자리에서만 주면 좋겠습니다. 아무데서나 고양이가 나타날 때마다 먹이를 주면 여러 곳이 더러워지지만 정해진 장소에서만 먹이를 주면 그곳만 관리하면 되기 때문입니다. 그리고 고양이에게 먹이를 준 사람이 그 쓰레기들을 집으로 가져가야 합니다. 고양이가 먹다 남긴 먹이에 파리가 꼬이면 비위생적으로 느껴지고, 그것들을 찾아다니며 청소하시는 분들은 더 힘들어지기 때문입니다. 츄르 봉지나 생수병은 가져가고, 물그릇이나 먹이 그릇은 고양이가 다 먹고 나면 다시 와서 가져가세요.
끝	고양이를 사랑하는 만큼 아파트 환경도 아끼면 어떨까요? 조금 귀찮더라도 정해진 곳에서만 먹이를 주고, 자기가 가져온 쓰레기는 자기 집으로 가져가면 좋겠습니다. 그러면 아파트 단지도 깨끗해지고, 버려진 고양이 먹이 쓰레기를 볼 때마다 고양이 먹이 주는 사람들을 미워하거나 흉보는 사람들도 줄어들 것입니다.

11. 전우치전1

정답
1. ①신선, ②옥황상제, ③대들보, ④금부도사 2. ③ 3. ② 4. 병, 기름, 망치 5. 임금, 백성, 전우치, 금

해설 1. ①신선: 중국의 신선 사상과 도교에서 이상으로 여기는 인간, ②옥황상제: 도가에서 '하느님'을 이르는 말, ③대들보: 집을 받치는 가장 큰 들보, ④금부도사: 조선 시대, 의금부에 속한 벼슬아치
2. ③전우치는 대대로 높은 벼슬을 했던 명문가에서 태어났다고 했습니다.
3. ②임금과 신하들이 전우치의 도술을 부러워했다는 내용은 없습니다.
4. 금부도사는 전우치가 들어가 있는 병을 임금에게 가져갔습니다. 임금은 그 병을 끓는 기름 속에도 넣어보고 망치로 산산조각 내게 했지만 전우치의 말소리와 웃음소리는 계속 들렸습니다.
5. 신비한 도술을 부리는 능력을 가졌던 전우치는 임금과 탐관오리 때문에 고통 받는 백성들을 보고 세상에 나섰습니다. 전우치가 임금과 신하들을 속여 받아낸 금으로 백성들을 돕자 임금은 전우치를 없애려 했습니다. 그러나 어떤 방법으로도 전우치의 도술을 이길 수 없게 되자 전우치를 속여 잡아들이기로 했습니다.

12. 전우치전2

정답
1. ④ 2. 장례, 봉양, 가난 3. ①×, ②○, ③○, ④× 4. ③ 5. 한자경, 족자, 전우치, 세금

해설 1. ④판서: 조선 시대, 육조의 으뜸 벼슬, '고등 법원, 지방 법원, 가정 법원의 법관'은 '판사'입니다.
2. 첫 번째 대화글 내용입니다. 한자경은 돈이 없어 아버지 장례를 치르지 못한데다가 어머니를 봉양할 돈도 없는 가난한 처지 때문에 울고 있었습니다.
3. ①한자경의 사정 이야기를 들은 전우치는 그를 불쌍히 여겼습니다. ④호조판서는 한자경에게 큰 벌을 내리려고 했습니다. 창고지기에 대한 처벌 이야기는 없어요.
4. ③전우치가 한자경을 위험에 빠뜨렸다고 보기 어렵습니다. 전우치의 경고에도 불구하고 큰돈에 욕심을 부린 한자경의 잘못으로 위험에 빠진 것입니다.
5. 전우치는 가난하지만 효심이 깊은 한자경에게 은자가 나오는 그림 족자를 주었습니다. 그러나 한자경은 전우치의 당부를 무시하고 욕심을 부려 큰돈을 얻으려다 세금을 훔치는 도둑으로 몰리게 되었습니다.

13. 흥부전1

> **정답**
> 1. ① 2. 욕심쟁이, 심술보, 공경 3. ③ 4. ④ 5. 형제, 놀부, 흥부, 아이들(자식들)

해설 1. ①오장육부는 오장과 육부, 곧 내장을 통틀어 이르는 말이므로 이 문장에는 '오대양육대주'를 넣어서 '나는 오대양육대주가 다 그려진 지도를 선물 받았다.'로 쓰는 것이 어울립니다.

2. 첫 번째 문단에서 놀부와 흥부의 성품을 비교했습니다. 놀부는 욕심쟁이에 시기와 질투가 많았고 심술보다 있다는 말을 들었습니다. 반면 흥부는 착하고, 부모님께 효도하며 어른을 공경했습니다.

3. ①놀부는 준비할 시간도 주지 않고 갑자기 흥부에게 나가라고 했습니다. ②흥부는 놀부의 말을 듣고 잘못한 게 있다면 용서해주고 나가라는 말은 거두어 달라고 매달렸어요. ④흥부는 식구들을 모두 데리고 놀부 집을 나왔습니다.

4. ④자식들의 배고프다는 소리를 듣다 못한 흥부 아내가 놀부 집에 가서 먹을 것을 얻어 오라고 했습니다.

5. 놀부와 흥부는 형제였지만 형 놀부는 욕심쟁이에 질투가 많았고, 흥부는 착했습니다. 놀부가 흥부네 식구들을 빈털터리로 쫓아내자 가난하게 살던 흥부는 배고픈 아이들(자식들)에게 먹일 것을 구하려고 놀부 집을 찾아갔습니다.

14. 흥부전2

> **정답**
> 1. ①ⓒ, ②ⓛ, ③ⓔ, ④㉠ 2. ③ 3. ② 4. 구렁이, 명주실, 봄, 선물 5. 스님, 흥부, 제비, 은혜

해설 1. ①목탁: 스님들이 들고다니는, 나무로 된 물건, ②시주: 절이나 스님에게 물건을 베풀어줌, ③명주실: 누에고치에서 뽑은 실, ④강남: 중국 양쯔강 남쪽 지역. 제비들이 겨울을 나려고 가는 따뜻한 곳을 뜻함

2. ③흥부는 스님에게 돈을 주겠다는 말을 하지 않았습니다. 식구들이 여러 날 굶을 정도로 가난해서 스님에게 돈을 줄 수도 없습니다.

3. ②집을 짓자마자 좋은 일이 일어난 것은 아닙니다.

4. 끝부분 내용을 대화로 재구성한 것입니다. 제비 부부가 구렁이에게 새끼들을 잃고, 살아남은 한 마리는 다리가 부러진 것을 흥부가 명주실로 고쳐주었다는 내용입니다.

5. 가난에 허덕이던 흥부는 한 스님이 알려준 집터에 새로 집을 짓고 살았습니다. 그 집에 제비 가족이 둥지를 틀자 흥부는 기뻐했고, 구렁이 때문에 다리를 다친 새끼 제비를 돌봐주었습니다. 강남의 제비 임금은 그 얘기를 듣고 제비 부부에게 흥부의 은혜를 꼭 갚으라고 했습니다.

15. 옹고집전

정답

1. ② 2. ③ 3. ①3, ②2, ③5, ④1, ⑤4 4. 부적, 사람, 비밀 5. 옹고집, 스님, 도사, 짚

해설 1. ②일쑤: 가끔, 곧잘 또는 흔히 그렇게 함. 이 문장에는 '일쑤'가 아니라 '실수'가 어울립니다.

2. ③쌍둥이 동생이 아니라 도사가 만들어낸 가짜 옹고집의 외모가 옹고집과 똑같았습니다.

3. 취암사의 도사가 옹고집을 혼내주라고 학대사를 보냄 → 옹고집이 학대사를 매질해 쫓아냄 → 도사가 짚으로 사람 모양 인형을 만들고 부적을 붙이자 옹고집과 똑같은 사람이 됨 → 가짜 옹고집이 옹고집의 집으로 가 진짜 행세를 함 → 두 옹고집이 진짜를 가려내기 위해 관가로 감

4. 첫 번째로는 외모가 완전히 똑같았기 때문에 식구들이 누가 진짜인지 몰랐습니다. 도사가 짚 인형에 부적을 붙여 사람을 만들었기 때문이지요. 두 번째 이유는 식구들만 아는 옹고집의 비밀을 둘 다 알고 있었기 때문입니다.

5. 옹고집은 심보가 고약하고 고집이 센 데다 스님들을 공경하지 않고 무시하고 괴롭혔습니다. 그 사실을 안 취암사의 도사가 짚으로 인형을 만들어 옹고집과 똑같은 사람이 되게 해 옹고집의 집으로 보냈습니다. 식구들도 구별해낼 수 없을 정도로 똑같은 가짜 옹고집을 보고 식구들도 옹고집도 곤란한 상황이 되었습니다.

짧은 글쓰기 연습3

1.

①금		⑤오	⑥장	육	⑦부
②부	적		손		⑧족	자
도			⑨명		
③사	④신		⑩시	주	
	선		⑪실	수	
⑫태					⑮심
⑬풍	년		⑭대	들	보

2. ①술수, ②기술, ③학술. ④마술, ⑤도술, ⑥미술

3. 해설 참고

해설 1. 짧은 글짓기는 위 정답에 적힌 낱말 중 어떤 것을 써도 좋지만, 11~15편에 나왔던 낱말들(금부도사, 부적, 신선, 풍년, 오장육부, 장손, 족자, 명주실, 시주, 대들보, 심보)을 사용해 보면 더 좋겠습니다.

2. '도술'은 『전우치전』과 『옹고집전』에 쓰였습니다.

3. '화중지병(그림의 떡)'은 〈『전우치전』 2-그림 속의 창고〉와 연관됩니다.

글쓰기 연습3

광고문 쓰기

· 아래 예시를 참고해 글쓰기 지도를 해주세요.

· 광고문을 써 봅시다.

1. 표제: 새것 같은 게 아니라 진짜 새 양우산

2. 본문

팔 물건 소개	엄마를 졸라서 양우산을 사서 쓰고 있는데, 아빠가 거의 비슷한 새 양우산을 또 사 오심
그 물건의 좋은 점	자외선 차단 기능이 있어 따가운 햇빛을 막아줌
	원터치 버튼으로 한 번에 펴짐, 접으면 가방 안에 쏙 들어감
	비 올 때는 우산으로 써도 됨
원하는 가격	1만원
그 물건을 사면 좋을 사람	여름에 피부가 잘 타는 사람, 부모님께 선물할 사람

· 위에 적어둔 내용을 글로 완성해 보세요.

표제	**새것 같은 게 아니라 진짜 새 양우산 팝니다**
팔 물건 소개	진짜 한 번도 안 쓴 양우산이에요. 엄마를 졸라 새 양우산을 산 지 얼마 안 됐는데, 그 사실을 몰랐던 아빠가 거의 비슷한 새 양우산을 또 사주셨거든요.
그 물건의 좋은 점	이 양우산은 기본적으로 양산인데요, 자외선 차단 기능이 있어서 따가운 햇빛을 막아줍니다. 여름철 필수품이에요!
	또 원터치 버튼을 누르면 한 번에 펴지고 접기도 쉬워요. 접으면 가방 안에 쏙 들어가는 크기라 가지고 다니기도 편리합니다.
	기본적으로는 양산이지만 비 올 때도 쓸 수 있어요. 우산과 양산을 따로 살 필요 없으니 우산 살 돈을 절약할 수 있답니다.
	원래는 3만 원이지만 벼룩시장이니까 단돈 1만 원에 팝니다!
그 물건을 사면 좋을 사람	여름에 외출할 때 햇빛에 얼굴이 타는 게 너무 싫으신 분, 또는 다른 사람에게 여름 선물 하고 싶은 분은 이 양우산을 사세요!

16. 박씨부인전1

> **정답**
> 1. ② 2. ④ 3. 열여섯, 덕, 인품 4. ④ 5. 이득춘, 이시백, 박 처사, 혼례

해설 1. ②칭송: 어떠한 것에 대해 칭찬하여 이르는 말, '나쁜 꾀로 남을 어려운 처지에 빠지게 함'은 '모함'의 뜻입니다.

2. ④마지막 문단에서 '신부는 차마 눈뜨고 볼 수 없을 만큼 못생긴 얼굴'이라고 했습니다.

3. 박 처사가 이득춘의 아들 시백을 만나본 뒤 이득춘에게 말한 내용, 그리고 그 말을 듣고 이득춘이 생각한 것입니다. 이득춘은 박 처사의 인품을 보고 그의 딸과 자기 아들의 혼인을 허락했습니다.

4. ①이득춘은 아들에게 혼인 의사를 묻지 않았어요. ②이시백은 혼인 전에 한 번도 박 처사의 딸을 본 적이 없어요. ③박 처사는 간단한 혼례를 준비했고, 이득춘 일행에게 나물과 술만 대접했습니다.

5. 조선 인조 때 훌륭한 재상이었던 이득춘에게는 글공부 잘하는 아들 이시백이 있었습니다. 어느 날 금강산에서 자신을 찾아온 비범한 인물 박 처사의 딸과 이시백을 혼인시키기로 했습니다. 이시백과 박 처사의 딸의 혼례가 끝난 뒤에야 신랑 쪽 사람들은 신부 얼굴이 너무나도 못생겼다는 사실을 알게 되었습니다.

17. 박씨부인전2

> **정답**
> 1. ①사랑, ②미천한, ③요망한, ④자객 2. ① 3. 아름다움, 피화당 4. ③ 5. 청나라, 자객, 기홍대, 박씨 부인

해설 1. ①사랑: 한옥에서, 집의 안채와 떨어져 바깥주인이 거처하며 손님을 접대하는 곳, ②미천한: 보잘것없고 천한, ③요망한: 조심성이 없이 요사스러우며 간사한, ④자객: 몰래 다른 사람을 찔러 죽이는 일을 전문으로 하는 사람

2. ①첫 문단에서 청나라 황제가 조선을 차지하려 기회를 노리고 있을 때였다고 했습니다.

3. 시백은 여인의 아름다움에 반해 사랑으로 들어오게 했고, 뛰어난 말솜씨에 시간 가는 줄 모르고 얘기를 나누다가 문득 박씨 부인의 당부가 생각나 여인을 피화당으로 보냈습니다.

4. ①자신이 시골 기생이라고 시백에게 거짓말을 했습니다, ②'잠든 줄 알았던 여인이 갑자기 눈을 뜨더니'라고 했으니 깊은 잠에 빠진 것이 아닙니다. ④박씨 부인은 기홍대를 호되게 꾸짖어 돌려보냈습니다. 죽이지 않았어요.

5. 박씨 부인은 하늘의 기운을 보고 청나라 황제가 자신의 집에 여자 자객을 보낼 것을 미리 알았습니다. 자객 기홍대가 집으로 찾아와 박씨 부인을 해치려 했으나 박씨 부인에게 혼쭐이 나고 쫓겨 갔습니다. 박씨 부인은 이 일로 임금에게 칭찬을 받고 '명월 부인'이라는 이름을 받았어요.

18. 사씨남정기1

> **정답**
> 1. ①태자, ②중매, ③간곡, ④혼사, ⑤현감 2. ①ⓒ, ②㉠, ③㉣, ④ⓒ 3. ① 4. ③ 5. 유현, 연수(유연수), 사정옥, 곧은

해설 1. ①태자: 왕의 자리를 이을 왕자, ②중매쟁이: 결혼이 이루어지도록 중간에서 소개해는 사람, ③간곡하다: 간절하고 정성스럽다, ④혼사: 혼인(결혼)에 관한 일, ⑤현감: 예전에, 작은 현의 우두머리

2. ①유현: 유연수의 아버지, ②유연수: 유현의 아들, 과거에 급제해 청혼하는 사람들이 줄을 섬, ③사정옥: 사 급사의 딸, 온화한 성품에 글솜씨도 좋음, ④두 부인: 유현의 누나, 유연수의 고모

3. ①중매쟁이의 대화글에서 '슬기롭고 어진 며느리를 원하신다면 사 급사의 딸이 좋을 것입니다'라고 했고, 이어지는 설명글에 유현이 어진 며느리를 원한다고 했습니다.

4. ③마지막 문단에서 고을 현감이 사 급사 댁에 전한 말이라고 했습니다.

5. 유현은 아들 연수가 과거에 급제하자 많은 혼처가 있었지만 슬기롭고 어진 사정옥을 며느릿감으로 골랐습니다. 사정옥은 재산이나 지위를 자랑하는 집안과는 혼인하지 않겠다고 했다가 자기 아버지 사 급사의 곧은 성품을 존경한다는 유현의 말을 전해 듣고 유연수와의 혼인을 승낙했어요.

19. 사씨남정기2

> **정답**
> 1. ①ⓒ, ②㉣, ③㉠, ④ⓒ 2. 평화, 혼인, 자식 3. ①○, ②○, ③×, ④× 4. 납매→십랑, 자식→아들 5. 사씨, 첩, 교씨, 부적

해설 1. ①첩: 정식 아내 외에 함께 데리고 사는 여자, ②대: 이어 내려오는 집안의 계통, ③맥: 주로 한의학에서 환자를 진찰할 때 보는 것으로 동맥벽의 주기적인 진동, ④술법: 점치는 일 따위에 관한 이치나 기술

2. 첫 번째 문단의 내용입니다.

3. ③모두들 교씨의 아름다움을 칭찬했으나 두 부인은 그 미모 때문에 유씨 가문에 안 좋은 일이 생길 거라는 느낌이 들었습니다. ④십랑은 교씨 배 속의 아이가 딸이라며 술법(부적)을 써야 한다고 했습니다.

4. 납매는 교씨의 여종이고, 부적을 써 준 것은 십랑입니다. 또, 이미 아이를 가졌으니 자식 낳는 부적이 아니라 대를 이을 아들을 낳게 해주는 부적입니다.

5. 사씨는 유연수(유 한림)과 혼인한 지 십 년이 넘도록 자식이 없자 교채란이라는 여자를 첩으로 들이게 했습니다. 얼마 후 교씨는 아기를 가졌는데, 배 속의 아이가 딸이라는 말을 듣고 부적을 써서 결국 아들을 낳았습니다.

20. 홍계월전

정답

1. ④ 2. ② 3. 여공, 집안, 부모님 4. ①4, ②3, ③1, ④2, ⑤5 5. 평국, 계월, 여자, 황제

해설 1. ④'사람과의 관계에서 지켜야 할 바른 도리'는 '의리'의 뜻입니다. '소신'은 이글에서 '예전에, 신하가 임금에게 자기를 낮추어 가리키던 말'의 뜻으로 쓰였습니다.

2. ②당연히 남자인 줄 알았던, 황제가 아끼는 신하 평국이 여자라는 사실을 황제에게 어떻게 말해야할지 곤란해 한 것입니다.

3. 평국이 황제에게 쓴 상소문 내용입니다. 어려서 버려진 자신을 데려온 여공도 남자로 키웠으며 여자라는 사실을 밝혀 여자로 살게 되면 집 안에만 있게 되어 부모님을 찾을 수 없을 거라 생각해 남자인 척하면 살아왔다고 했습니다.

4. 장사랑의 난 때 강물에 버려짐 → 여공에게 구조되어 그 아들 보국과 함께 자람 → 과거에 급제해 벼슬을 얻음 → 보국과 함께 반란을 진압하고 황제에게 별궁을 하사받음 → 의원이 자신이 여자라는 사실을 알았을 것 같아 황제에게 자신이 여자임을 밝히는 상소문을 올림

5. (홍)계월은 여자였지만 어린 시절 부모와 헤어져 여공 밑에서 남자로 자랐습니다. 평국이라는 이름으로 과거에 급제하고 나라에 공을 세워 황제가 아끼는 신하가 되었지만 자신이 사실은 여자였음을 고백하는 상소문을 황제에게 올립니다. 너그러운 황제는 그의 공을 높이 사서 처벌하지도 않고 벼슬도 그대로 두었습니다. (주인공이 여자 옷으로 갈아입기 전까지는 평국, 그 후로는 계월이라는 이름을 썼습니다.)

짧은 글쓰기 연습4

1.

①재	②상			④처	사
	③소	신		소	
	문		⑤혼	⑥사	
⑪중			⑦칭	⑧송	
⑫매	⑬미			⑨별	궁
	⑭천	⑮사		⑩기	회
		랑		록	

2. ①혼수, ②이혼, ③혼례. ④약혼, ⑤청혼, ⑥신혼
3. 해설 참고

해설 1. 짧은 글짓기는 위 정답에 적힌 낱말 중 어떤 것을 써도 좋지만, 16~20편에 나왔던 낱말들(재상, 상소문, 소신, 혼사, 칭송, 처사, 처소, 별궁, 중매, 미천, 사랑, 기회)을 사용해 보면 더 좋겠습니다.

2. '혼례'는 『박씨부인전』에 쓰였고, 그 밖에 '혼인'과 관련된 낱말들이 『박씨부인전』과 『사씨남정기』에 나왔습니다.

3. 꼭 한 문장으로 쓰지 않아도 됩니다. 두세 문장에 나누어 써도 좋습니다.

글쓰기 연습4

이야기 쓰기

· 아래 예시를 참고해 글쓰기 지도를 해주세요.

· 상상한 이야기를 글로 써 봅시다.

※ 완전히 새로운 이야기를 생각해내기 어렵다면 원래 있는 이야기에서 주인공을 바꾸거나 배경을 현재로 바꾸는 정도로 도전해 봐도 좋습니다.

1. 제목: 박씨소녀전

2. 처음(발단): 박 처사의 딸이 태어남. 이름을 금옥이라 지음

배경	장소	금강산 깊은 산골짜기	때	조선 인조 때
인물1	이름	박 처사	성격과 특징	세상 일을 거의 다 알고 도술이 뛰어남
인물2	이름	박금옥(박 처사의 딸)	성격과 특징	아기 때부터 가르치는 것마다 한번에 다 깨우침
인물3	이름	금강산 산신령	성격과 특징	엄격함

3. 가운데①(전개): 금옥이 점점 자라 글공부도 잘하고 무예도 뛰어남
4. 가운데②(절정): 금옥이 활쏘기 연습을 하다 실수로 사슴을 죽임
5. 끝(결말): 산신령이 금옥에게 벌을 내려 못생긴 얼굴이 됨

· 위에 적어둔 내용을 글로 완성해 보세요.

제목	**박씨소녀전**
처음(발단)	조선 인조 때 금강산 깊은 산골짜기에 외딴집이 하나 있었어요. 그 집에는 박 처사와 아내가 단둘이 오순도순 살고 있었습니다. 박 처사는 세상일을 거의 다 알고 도술이 뛰어난 사람이었어요. 얼마 후 아내는 어여쁜 딸을 낳았어요. 박 처사는 금과 옥처럼 귀한 딸이라는 뜻으로 금옥이라 이름 지었어요.
가운데①(전개)	박 처사는 딸인 금옥을 아들과 다를 것 없이 키웠습니다. 글공부도 시키고 무예도 가르쳤어요. 어린 금옥은 아버지가 하나를 가르쳐주면 금세 배우고 다음 것을 알려 달라고 했어요. 금옥은 글공부도 잘하고 무예도 뛰어날 뿐 아니라 얼굴과 마음씨도 참으로 고운 소녀로 무럭무럭 자랐습니다.
가운데②(절정)	그러던 어느 날 금옥은 깊은 산 속 연못가에서 활쏘기 연습을 하다가 그만 커다란 사슴을 맞히고 말았습니다. 화살을 맞은 사슴이 울부짖자 갑자기 어디선가 산신령이 나타났습니다. 그 사슴은 금강산 산신령의 심부름꾼이었어요. 사슴을 잃게 된 산신령은 크게 화를 내며 금옥에게 벌을 내렸습니다.
끝(결말)	"자기 재주만 믿고 생명을 함부로 죽였으니 벌을 받아 마땅하다. 너는 모든 사람들이 보기 싫어할 추한 얼굴로 살게 될 것이다. 네가 혼인하여 남편을 성공시켜야 본디 얼굴로 돌아올 것이니라!" 그 말이 끝나자마자 곱디곱던 금옥의 얼굴은 눈 뜨고 볼 수 없을 정도로 못생기게 변해버렸습니다.

21. 허생전1

> **정답**
> 1. ①몰락, ②삯바느질, ③저잣거리, ④비굴 2. ①○, ②×, ③×, ④○ 3. ② 4. 당당, 부풀리는, 시험 5. 허생, 아내, 변 씨, 만 냥

해설 1. ①몰락: 번영하던 재력이나 세력 따위가 쇠하여 보잘것없이 됨, ②삯바느질: 삯을 받고 해 주는 바느질, ③저잣거리: 가게가 죽 늘어서 있는 길거리, ④비굴: 겁이 많고 마음의 중심이 없어 행동이나 태도가 바르지 못하고 떳떳하지 못함
2. ②초가집에 살면서 굶주리기를 밥 먹듯 했다는 내용은 있으나 숨겨놓은 재산이 많다는 내용은 없습니다. ③허생이 글만 읽고 있어 아내가 삯바느질을 해서 먹고살았습니다. 허생은 아내를 돕지 않고 글만 읽었어요.
3. ②허생이 변 씨에게 말한 대화글 내용입니다. 만 냥으로 무슨 일을 해보려고 한다 했습니다.
4. 변 씨의 마지막 대화글 내용입니다. 눈빛이 당당하고, 부풀리는 말이 없는 허생이 큰일을 하려는 것 같으니 자신도 허생을 시험해보려 한다고 했어요.
5. 집에서 글만 읽던 가난한 선비 허생은 돈을 벌어오라는 아내의 하소연에 글 읽기를 그만두고 밖으로 나왔습니다. 허생은 한양에서 가장 큰 부자라는 변 씨를 찾아가 만 냥을 빌렸습니다.

22. 허생전2

> **정답**
> 1. ①이자, ②품목, ③독점, ④상거래, ⑤안목 2. ③ 3. 부자, 백만, 마음 4. 독점 5. 허생, 십만, 변 씨, 재주

해설 1. ①이자: 빌려 쓴 돈을 갚을 때, 빌린 대가로 더 주는 돈, ②품목: 물품 종류의 이름, ③독점: 생산과 시장을 지배해 이익을 독차지하는 것, ④상거래: 물품을 사고 파는 것, ⑤안목: 사물의 가치를 분별하는 능력
2. ③허생이 화를 냈다는 문장 바로 앞 문장에 그 원인이 나왔습니다. 변 씨가 빌려준 돈의 1/10만 이자로 받겠다는 말에 화를 냈지요. 그 다음 문장에서는 자신을 장사치로 아느냐고 말했습니다. 조선시대에는 공부하는 선비를 가장 높게, 장사하는 사람들은 낮게 보았기 때문입니다.
3. 허생의 집으로 찾아간 변 씨에게 허생이 한 말입니다. 부자가 되려는 뜻이 있었다면 자신이 번 돈 백만 냥을 바다에 버리지 않았을 거라고 했습니다. 또 재물 때문에 마음을 괴롭히는 것을 원치 않는다고 했지요.
4. □ 안의 두 문장 중 첫 번째 문장만 본문과 같은 문장입니다. 허생은 큰돈으로 한 가지 물건을 독점하면 상거래 기반이 무너질 것이라면서, 독점의 폐해를 말했습니다.
5. 몇 년 만에 돈을 갚으러 온 허생은 변 씨에게 원래 빌려갔던 돈의 열 배인 십만 냥을 돌려주었습니다. 변 씨는 허생과 친구가 되어 그가 백만 냥이 넘는 큰돈을 번 방법에 대해 듣고는 허생의 안목과 재주가 아깝다고 생각했습니다.

23. 금오신화1

> **정답**
> 1. ①ⓒ, ②㉠, ③㉣, ④ⓛ 2. ② 3. ①×, ②○, ③○, ④× 4. ③ 5. 양생, 만복사, 저포, 아가씨

해설 1. ①저포: 백제 때 있었던 윷놀이와 비슷한 놀이, ②배필: 부부로서의 짝, ③축원문: 부처에게 자신이 바라는 소원을 빌려고 적은 글, ④극락왕생: 이 세상을 떠나 괴로움과 걱정이 없는 세상(극락)으로 가서 다시 태어남

2. ②첫 문단에서 양생을 소개했습니다. 양생은 만복사 구석방에 살고 있었지만 스님은 아니었어요.

3. ①양생과 아가씨가 시를 지으며 이야기를 나눈 곳은 양생의 방이었습니다. ④아가씨의 부모님이 음식과 물건을 잔뜩 챙겨 향하는 곳은 보련사라는 절이었습니다.

4. ③양생은 2년 전에 죽은 아가씨의 혼을 만난 것입니다.

5. 부모도 없이 외롭게 살던 양생은 만복사라는 절의 부처님과 저포놀이를 해서 이겼습니다. 저포놀이 할 때 내기로 걸었던 양생의 소원이 이루어져 양생은 마음에 맞는 아가씨를 만나 즐거운 시간을 보냈습니다. 그러나 그녀는 2년 전에 죽은 아가씨였고, 양생이 만난 것은 그 사람의 혼이었습니다.

24. 금오신화2

> **정답**
> 1. ①㉠, ②ⓒ, ③㉣, ④ⓛ 2. ① 3. 섬, 불기둥, 문지기 4. ④ 5. 박생, 극락, 남염부주(염부주), 염라대왕

해설 1. ①유학: '유교'를 학문적 입장에서 이르는 말, ②극락: 불교에서, 사람이 죽으면 간다고 하는 안락하고 자유로운 세상, ③통천관: 예전에, 임금이 머리에 쓰던 관, ④섬돌: 낮은 데서 높은 곳으로 올라갈 수 있게 놓아둔 돌

2. ①극락과 지옥에 대해 토론을 하고 싶었던 박생은 '죄와 복은 지은대로 돌아온다(죄를 지으면 지옥에 가고 복을 지으면 극락에 간다는 뜻)'고 말하며 대화를 끝낸 것이 아쉬웠습니다.

3. 박생이 꿈에서 간 곳은 남염부주(염부주)였습니다. 그곳은 바다 가운데 있는 섬나라로, 낮에는 불기둥이 솟아오르는 곳이라 이름에 불꽃 염(炎)자가 들어갑니다. 그곳에 있는 커다란 철문 앞에는 문지기가 서 있다가 박생에게 말을 걸었습니다.

4. ④염라대왕은 지옥을 지키며 죽은 자들을 심판한다고 하지만, 박생이 염부주에서 염라대왕을 만나는 꿈을 꾼 것이므로 죽은 것은 아닙니다.

5. 박생은 학식이 높은 선비로 극락과 지옥에 대한 궁금증을 갖고 있었습니다. 어느 날 꿈에 남염부주(염부주)에 가서 염라대왕을 만나 불교와 유교의 가르침 등에 대한 깨달음을 얻고, 다음 염라대왕이 되어 달라는 부탁을 받았습니다.

25. 양반전

정답

1. ④ 2. ③ 3. 소송, 증인, 문서 4. ③ 5. 양반, 곡식(환곡), 부자, 군수

해설 1. ④'화로'는 주로 방 안을 따뜻하게 하는 용도로 쓰던 물건이므로 화롯불도 난방용이었습니다. 왜적이 쳐들어오는 일처럼 큰일을 알리는 신호로 쓰던 것은 '봉화'입니다. 산꼭대기 봉화대에 낮에는 연기, 밤에는 불을 피워 위급함을 알렸습니다.

2. ③양반의 대화글에 군수에게 쩔쩔매는 까닭이 나옵니다. 부자에게 양반을 팔아 신분이 낮아졌기 때문이었습니다.

3. 군수는 부자와 양반이 서로 신분을 사고팔았다는 것을 온 마을 백성들에게 알려야 한다고 했습니다. 소송의 빌미가 될 수 있으므로 증인들 앞에서 문서까지 만들어야 한다는 것이지요.

4. ③양반은 날이 더워도 맨발로 다니면 안 된다고 했습니다.

5. 강원도 정선 고을에 가난한 양반이 하나 있었습니다. 그가 관청에서 빌린 곡식을 갚지 못하자 한 부자가 대신 갚아주고 그에게서 양반을 샀습니다. 그 사실을 알게 된 군수가 양반이 해야 하는 일, 하지 말아야 하는 일 등을 적은 문서를 읽어주자, 부자는 양반의 진짜 모습에 실망해 양반을 사지 않겠다고 했습니다.

짧은 글쓰기 연습5

1.

①저	포		④품	⑤목	
잣		③안		⑥화	롯	불
②거	북	목				
리						⑭극
					⑬몰	락
⑦이	⑧자		⑩빌	⑪미		왕
	⑨유	학		⑫신	입	생

2. ①수강생, ②허생, ③원생, ④음대생, ⑤지각생, ⑥우등생
3. 해설 참고

해설 1. 짧은 글짓기는 위 정답에 적힌 낱말 중 어떤 것을 써도 좋지만, 21~25편에 나왔던 낱말들(저포, 저잣거리, 안목, 품목, 화롯불, 몰락, 극락왕생, 빌미, 이자, 유학)을 사용해 보면 더 좋겠습니다.

2. '-생'은 『허생전』과 『금오신화』에서 허생, 양생, 박생 등의 인물을 가리키는 말로 쓰였습니다.

3. 꼭 한 문장으로 쓰지 않아도 됩니다. 두세 문장에 나누어 써도 좋습니다.

글쓰기 연습5

설명문 쓰기

· 아래 예시를 참고해 글쓰기 지도를 해주세요.

· 일의 방법과 순서를 설명하는 글을 써 봅시다.

1. 제목: 소고기미역국
2. 처음

설명하려는 대상	미역국 끓이는 방법
설명하는 이유	내가 얼마 전에 배운 요리, 부모님 생신 때 끓여 드리면 더 좋음

3. 가운데

준비물	소고기(국거리), 마른미역, 식용유, 참기름, 다진 마늘, 국간장, 소금, 액젓
①	마른미역을 물에 불려 둔다.
②	달구어진 냄비에 다진 마늘과 소고기를 볶는다.
③	미역을 넣고 함께 볶는다.
④	물을 붓고 간을 한다.
⑤	10분 이상 끓이다가 간을 맞추고 불을 끈다.

4. 끝

주의할 점	미역은 물에 불리면 양이 엄청나게 많아진다.
참고할 내용	오래 끓일수록 맛있다. 소고기 대신 멸치나 황태, 바지락을 넣기도 한다.

· 위에 적어둔 내용을 글로 완성해 보세요.

제목	**소고기미역국**
처음	얼마 전 엄마 생신에 특별한 선물을 하고 싶어서 이모에게 미역국을 끓이는 법을 배웠다. 그 방법을 소개하겠다.
가운데	먼저 소고기와 마른미역, 식용유와 참기름, 다진 마늘과 국간장, 소금과 액젓, 그리고 물을 준비한다. 제일 먼저 마른미역을 물에 불렸다가 물기를 빼둔다. 달궈진 냄비에 식용유를 조금 넣고 소고기와 다진 마늘을 달달 볶는다. 거기에 건져 두었던 미역을 넣고 함께 볶는다. 재료들이 잘 볶아지면 물을 붓고 국간장과 액젓으로 간을 맞춘 다음 뚜껑을 덮고 보글보글 끓인다. 10분 이상 끓이다가 다시 간을 보고 싱거우면 소금을 조금 넣는다. 마지막으로 참기름을 살짝 두른 후 불을 끄고 국그릇에 담아 맛있게 먹는다.
끝	미역국은 오래 끓일수록 깊은 맛이 난다고 한다. 그리고 소고기 대신 멸치나 황태, 바지락을 넣기도 한다. 주의할 점은 미역을 물에 불리면 양이 매우 많아지므로 조심해야 한다.

MEMO

우리 고전으로 배우는

고전 독해와 글쓰기 2

ⓒ 정형권·김정원, 2024

초판 1쇄 인쇄 2024년 8월 14일
초판 1쇄 발행 2024년 9월 2일

지은이 정형권·김정원
그림 김민

펴낸이 이성림
펴낸곳 성림북스

책임편집 홍지은
디자인 북디자인 경놈

출판등록 2014년 9월 3일 제25100-2014-000054호
주소 서울시 은평구 연서로3길 12-8, 502
대표전화 02-356-5762 **팩스** 02-356-5769
이메일 sunglimonebooks@naver.com

ISBN 979-11-93357-35-4 (74800)
　　　　979-11-93357-33-0 (세트)

* 책값은 뒤표지에 있습니다.
* 이 책의 판권은 성림원북스에 있습니다.
* 이 책의 내용 전부 또는 일부를 재사용하려면 성림원북스의 서면 동의를 받아야 합니다.